브랜드만족
1위
박문각

2025

박문각
공무원

특별판

진가영
영어

진가영 편저

신경향
독해 마스터

시즌 ❷

신경향 독해 집중 공략 문제집!

"2025년 출제 기조 전환 독해 문제
완벽 분석 및 완전 정복"

박문각

수험생들에게 최고의 교재가 될
신경향⁺독해 마스터 시즌 ❷를 펴내며...

"안녕하세요, 여러분들의 단기합격 길라잡이 진가영입니다."

2025년 출제 기조 전환에 따른 공무원 시험에서 영어 영역 20문제 중 총 13문제가 독해 문제로 출제될 것으로 보입니다. **따라서 독해가 차지하고 있는 비중만큼 고득점을 위해서는 반드시 독해를 정복**해야 합니다.

이번 시험 출제 기조 전환에 따른 새로운 문제 유형뿐만 아니라 기존에 출제되었던 독해 문제 유형에 적응해서 빠르고 정확하게 문제를 푸는 것이 중요하기 때문에 양질의 교재를 통해 제대로 된 독해 문제 풀이법을 학습하고 적용해 보며 신경향 독해 유형과 기존 출제 유형을 마스터해야 고득점이 가능합니다. 하지만, 대다수의 시험을 준비하시는 분들이 여러 권의 독해 교재들을 가지고 문제를 풀어도 공무원 시험에 나오는 독해 문제들을 어떻게 처리해야 할지 모르고 감으로 문제를 풀기 때문에 실질적인 영어 독해 점수 상승을 이뤄내는 데 어려움을 겪고 있습니다.

따라서 현명하게 독해 만점을 준비하기 위해서 체계적으로 신경향을 집중 공략한 독해 연습을 할 수 있는 교재가 필요하다고 생각했고 그 결과 출간하게 된 교재가 바로 이 신경향⁺독해 마스터 시즌 ❷ 입니다. 이 독해 교재를 통해 여러분들은 시험장에서 **1분 안에 1지문의 문제를 감이 아닌 지문에 나온 근거와 명시적 단서에 의해 독해를 푸는 방법을 배우고** 이를 실제 문제와 흡사한 형태로 제작된 문제로 스스로 연습할 수 있고 공무원 독해의 출제 알고리즘을 파악하여 독해 풀이법에 맞는 독해 전략을 적용하는 훈련을 할 수 있습니다.

또한 독해 기초 체력을 다지고 실력 향상을 위해 필수적인 표현 학습 그리고 실전 독해 문제 풀이로 이어지는 과정을 한 번에 할 수 있도록 교재를 구성하였기 때문에 분명 이 교재를 끝내고 나면 여러분들의 독해 실력이 향상되어 있을 것입니다.

진가영 영어 신경향 독해 마스터 시즌 ❷

교재가 가지는 장점은 다음과 같습니다.

> 🔖 단계별 문제 풀이 전략을 통한 리딩 스킬 학습 가능
> 🔖 배운 내용을 출제 예상 연습 문제들을 통해 적용 연습 가능
> 🔖 시험에 출제될 수 있는 독해 필수 어휘들을 정리함으로써 기본적 독해 능력 향상 가능

정리해서 말씀드리면,

이 교재는 감으로 독해를 푸는 것이 아니라 신경향 유형의 독해 문제를 **단계별로 접근**하여 **빠르고 정확하게 독해 문제 풀이법을 학습**하고 이를 스스로 적용해 보고 마지막으로 핵심 표현까지 학습할 수 있도록 도와줌으로써 **실질적인 정답률 상승**을 끌어내는 데 큰 도움을 줄 것입니다.

여러분들이 이 질 좋은 문제들을 통해서 매일 꾸준히 연습하시고 강의와 병행하신다면 남들보다 더 빠르게 독해 점수가 오를 것이고 시험장에서 독해를 맞출 수 있을 것이라 자신합니다.

여러분들의 노력이 반드시 합격으로 이어지도록 현명한 길라잡이로서 더 좋은 모습으로 수업을 통해 뵙도록 하겠습니다.

이 교재를 통해 반드시 신경향 독해 문제를 정복할 수 있습니다.

여러분이 단기합격을 이루길 항상 응원합니다.

Dreams come true!
꿈은 반드시 이루어진다!

2024년 8월
진심을 다해 가르치는 영어 - 진가영

1 2025년도 출제 기조 전환 "핵심 내용"

"지식암기 위주에서 현장 직무 중심으로 9급 공무원 시험의 출제 기조가 바뀐다"

인사혁신처가 출제하는 9급 공무원 시험 국어·영어 과목의 출제 기조가 2025년부터 전면 전환됩니다. 인사혁신처 처장은 '2023년 업무보고'에서 발표했던 인사처가 출제하는 9급 공무원 시험의 '출제 기조 전환'을 2025년부터 본격 추진한다고 밝혔습니다.

'출제 기조 전환'의 핵심내용은 지식암기 위주로 출제되고 있는 현행 9급 공무원 시험 국어·영어 과목의 출제 기조를 직무능력 중심으로 바꾸고, 민간 채용과의 호환성을 강화하는 것입니다. 현장 직무 중심의 평가를 위해 영어 과목에서는 실제 업무수행에 필요한 실용적인 영어능력을 검증하고자 합니다. 특히 영어 과목에서는 실제 활용도가 높은 어휘를 주로 물어보고 어법의 암기를 덜 요구하는 방식이고, 전자메일과 안내문 등 업무 현장에서 접할 수 있는 소재와 형식을 적극 활용한 문제들로 구성될 것으로 보입니다.

이를 바탕으로 인사혁신처는 종합적 사고력과 실용적 능력을 평가하게 되는 출제 기조 전환으로 공직에 더 적합한 인재를 선발할 수 있고, 공무원과 민간부문 채용시험 간 호환성 제고로 청년들의 시험 준비 부담이 감소되고 우수한 인재가 공직에 보다 더 지원할 것으로 기대하고 있습니다.

2 2025년 "현명한" 신경향 공무원 영어 학습 전략

신경향 어휘 학습

출제 기조 전환 전에는 유의어 유형을 많이 물어보고 단순 암기로 인하여 문제 푸는 시간 또한 절약할 수 있었습니다. 하지만 2025년 출제 기조 전환 예시문제를 보면 어휘는 빈칸 유형으로만 구성된 것으로 보아 **제시문의 맥락을 고려하고 정확한 단서를 찾은 후에 빈칸 안에 어떤 어휘가 적절한 것인지 찾는 훈련과 연습**이 반드시 필요합니다.

신경향 문법 학습

출제 기조 전환 전에는 문법 문제들이 박스형, 문장형, 영작형으로만 구성되었지만 출제 기조 전환 발표 중 일부인 민간 채용과의 호환성을 강화하는 취지로 **TOEIC, TEPS 시험에서 잘 나오는 빈칸 유형이 문법 문제로 새로 추가되었습니다.** 이런 유형들은 기존의 유형들과 확실하게 다른 접근법으로 문제를 풀어야 하므로 **문법 파트별로 체계적인 이론 정리와 더불어 다양한 문제들을 많이 풀어보고 문제 풀이 전략을 정확하고 확실하게 배워야 합니다.**

신경향 독해 학습

출제 기조 전환 전에는 1지문 1문제로 구성되고 각 선지들이 지문에 맞는지, 안 맞는지만 판단하기만 하면 되었지만 **2025년 출제 기조 전환 예시문제를 보면 독해 유형에 세트형이 2문제로 구성되어 있습니다.** 세트형이라고 난도가 더 올라갔다고 보기는 어렵지만 **다소 생소한 형식의 문제 유형이 출제되면 수험생들이 당황하기가 쉬우므로 신유형 독해 문제인 전자메일과 안내문, 홈페이지 게시글 등의 형식들에 대한 체계적인 학습을 통해 빠르고 정확하게 푸는 전략을 체화시켜야 합니다.** 이와 같은 형식으로 단일 지문으로 구성되기도 하니 특히 많은 훈련이 필요한 영역입니다.

★★★★★ 공무원 영어는 그냥 진가영쌤..♥   방*현

처음에 저는 공무원 영어 준비를 시작할 때 무작정 타사 유명한 강사님 수업을 들었고, 그러다가 저와는 맞지 않는 것 같아 또 다른 선생님 수업을 듣고, 그렇게 **방황하다가 마지막에 박문각 진가영쌤을 알게 되어 수업을 들었습니다.** 그냥 결론부터 말하자면 수업을 듣고 '와 그냥 앞으로 진가영쌤 수업만 들어야겠다'라는 생각이 들었습니다! 특히 저는 문법 파트가 너무 어려웠는데, 초시생도 이해하기 쉽게 정말 재밌게 가르쳐주세요!! **영어 공부가 부담이 되지 않도록 해주시는 것 같아요!** 단어도 외우고 문법도 외우고 독해도 해야 되고 진짜 막막하다 할 때 진가영쌤 수업 들으면서 그냥 쌤이 하라는 대로만 하니까 나중에—이 단어가 외워졌네... 아 이건 이거였지... 이런 느낌을 정말 많이 받았습니다.—그리고 쌤이랑 했던 게 이번 지방직 시험에서도 많이 보여서 너무 신기했어요. 저처럼 **영어 때문에 방황하셨던 분들 진가영쌤 수업 들으면 후회 없으실 것 같아요.** 추천합니다!

★★★★★ 단기합격 가보자고 ~!   김*수

제겐 영어가 정말 힘든 과목 중 하나였기 때문에 매번 미루게 되는 과목 중 하나였는데요. 가영쌤을 만나고 나서는 아침에 일어나면 하프와 일일 모고로 하루를 시작했습니다! **매일 아침마다 영어 공부를 할 수 있었던 원동력 중 하나는 가영쌤의 밝은 에너지의 영향이 큽니다.** 항상 밝게 수업을 진행해 주시고 매 수업마다 잘 할 수 있다고 격려를 해주셔서 기분 좋게 하루를 시작할 수 있었습니다! **핵심 키포인트를 반복해 주셔서 암기에 수월했습니다.** 핵심 포인트 잡는 게 제일 힘들었는데 포인트를 잡는 법을 매번 훈련해 주셔서 문법을 수월하게 준비할 수 있었어요! 독해는 보통 줄글로 처음부터 끝까지 전문으로 해설해 주시는 경우가 많은데, **정답의 근거가 되는 부분을 명확하게 짚어주시고 펜터치를 표시해 주셔서 학생 입장에서 공부하기 너무 수월했습니다!** 답지도 구조적으로 잘 되어 있어서 전문 해석에 집착하는 습관을 버리게끔 도와주십니다♡

★★★★★ 문제 풀이에 영어 이론을 잘 적용해서 각종 문제를 풀 수 있게끔 해주는 강의   곽*준

기출 문제 강의는 선생님께서 시험 문제에 해당하는 영어 문법 이론을 수업 시간에 다시 한 번 짚어주셔서 **이론과 문제 적용 방법을 동시에 습득할 수 있도록 해주고 머릿속에 정말 깊이 새겨주는 강의라서 수업을 듣고 나면 확실히 영어 체계가 잡혀가는 효과가 있었습니다.** 독해 지문이 최근 들어 조금씩 길어지는 추세라 실제 시험장에서 독해 문제 푸는 시간 조절이 갈수록 중요해지고 있는데, 영어 독해라는 게 무턱대고 푸는 것이 아니라 **각독해 유형 별로 어떻게 독해 방법을 적용해 가는지를 선생님께서 먼저 이론을 설명해 주신 후에 실제 기출 문제를 PPT 화면을 통해 중요 KEY POINT 부분을 표시해 가면서 설명해 주셔서**, 영어 독해 문제를 푸는 시간을 서서히 조절해 갈 수 있었습니다. 진정성 있는 강의, 이제 수험생 여러분들이 진가영 선생님의 수업을 통해 직접 경험해 보실 수 있습니다.

★★★★★ 2개월만에 영어 점수 20점 상승!   최*윤

초시생 국가직 70점-지방직 90점 가영쌤 만나면 무조건 가능!!!
안녕하세요! 처음 시작할 때 영어는 거의 다 까먹어서 노베이스였고 22년도 지방직 영어 풀어본 결과 30점에서 시작했습니다. 국가직 이후로 가영쌤 커리만 밟아도 20점이나 올랐는데 처음부터 배웠다면 정말정말 영어에 자신감이 팍팍 붙었을 것 같아요! 추가로 가영쌤은 강의력뿐만 아니라 공시생에게 가장 중요한! 멘탈케어까지 해주십니다.

★★★★★ 영어만 20점 올린 지방직 시험후기!   최*윤

독해가 약하다고 생각했었고 유형별로 어떻게 접근해야 할지 몰라서 처음부터 끝까지 다 읽는 독해를 했었어요ㅜㅜ 그래서 국가직 끝난 바로 다음 날부터 고담백 강의로 약한 파트부터 집중적으로 공략했습니다! 유형별 **접근 방식도 알려주시고 항상 근거를 찾고 선지를 소거하라는 말씀대로 적용하려고 노력했어요.** 이번 지방직에서는 1문제 헷갈렸던 것 빼고 독해를 다 맞았는데 돌이켜 생각해보면 독해 단어 강의도 도움이 진짜 많이 되었던 것 같네요!(독해 2200단어강의 진짜진짜 추천합니다.)

★★★★★ 합격에 최적화된 강의입니다.   서*명

진가영 교수님은 명확한 독해 솔루션을 제시해 주십니다. 실력을 빨리 늘리고 싶으시면 한 문제를 풀더라도 꼭 진가영 교수님이 알려 주신 대로 풀어보시길 바랍니다. 특히 진가영 교수님이 강조한 부분에 밑줄을 꼭 그어보면서 연습하시길 바랍니다. **진가영 교수님과 연습해가면 진짜 독해만큼은 단 한 문제도 틀리지 않을 만큼 빠른 시간 안에 정확하게 문제를 풀어나갈 수 있습니다.** 한 가지 더 독해에서 강조드리고 싶은 것은 독해 단어 2200을 반드시 외우시길 바란다는 것입니다. 그걸 외우고 나서 저는 독해 속도가 매우 빨라져 이번 지방직 영어 시험을 푸는 데 22분 정도 소모되었습니다.

★★★★★ 강의 내용과 만족감 모두 충족이 되는 강의였습니다.   유*보

독해 영역은 그나마 영어에서 자신 있는 부분임과 동시에 소홀하게 학습했던 부분이었습니다. 그러다 보니 쉽게 풀만한 지문을 어렵게 풀어 시간을 잡아먹는 일이 종종 있었습니다. **진가영 선생님께서 수업 중에 그런 식으로 하면 백번 천번 독해를 해도 점수 향상이 안 된다고 지적하시자 정신이 들어서 이번만큼은 같은 실수를 반복하지 않기 위해 독해 시간도 빠짐없이 들었습니다.** 기출문제 풀이 전에 독해 문제 해결 방법을 자세히 언급하시는데 그 부분도 소홀하게 듣는 일이 없었고 그 결과 하프 · 일일 모의고사에서 빠른 시간에 지문을 파악해서 문제를 풀었고 틀린 문제보다 맞힌 문제가 훨씬 더 많았습니다

★★★★★ 영어의 부담을 줄여주는 강의!   곽*빈

또 독해 강의는 문제 유형에 따라 접근 방식을 딱 정해주셔서 좋았습니다. 독해 파트는 확실히 맞추는 것 이상으로 시간을 줄여야 하니, 유형별로 푸는 방법을 하나로 고정해 두고 기계적으로 접근하는 게 좋은데, 이런 방법을 정말 쉽게 알려주세요. **특정 문장을 주목해서 읽으면 지문을 다 읽지 않아도 답을 찾을 수 있다는 사실을 알게 되었습니다.** 저는 독해에는 큰 어려움을 느끼지 못했는데도 불구하고 얻어가는 게 정말 많은 강의였습니다.

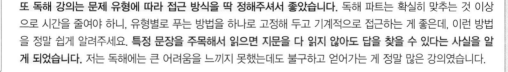

★★★★★ 구문독해로 기초를 쌓으시고 독해 연습을 하시면 더 효과적입니다.   신*식

독해 수업은 독해 어휘와 스킬 위주로 진행되다 보니 문제를 더 빠르고 정확하게 풀 수 있었습니다. 그리고 수업에서 다루는 지문이 4월 국가직, 6월 지방직 시험보다 난이도가 높아서 오히려 시험을 볼 때 더 쉬웠습니다. 또 어렵게 나오더라도 대비가 될 것 같다고 느꼈습니다. 독해에 실력이 있으신 분들도 가볍게 들으시면 도움이 될 것 같고, 그렇지 않으신 분들은 독해 수업을 열심히 들으시면 좋을 것 같습니다.

구성 및 특징

1 3단계 문제 풀이 전략

유형별로 다른 3단계의 단계별 문제 풀이 전략을 통해 리딩 스킬 학습이 가능하다.

2 출제 기조 전환 연습 문제

2025 출제 기조 전환 예시 문제를 통해 배운 내용을 출제 기조 전환 연습 문제들에 적용하여 연습함으로써 문제 유형들을 익힐 수 있다.

3 독해 필수 어휘

시험에 출제될 수 있는 독해 필수 어휘들을 중요 표현 복습하기로 정리함으로써 기본적 독해 능력 향상이 가능하다.

2025 출제 기조 전환 대비 단기합격 커리큘럼 영상

2025년
신경향(New Trend) ✦
정규 커리큘럼
합격을 위한
필수 과정

1단계
이론 완성
New Trend
단기합격 All In One 시리즈
(문법, 독해)

2단계
기출 분석
New Trend
반한다 기출 분석 시리즈
(문법 & 어휘, 독해 & 생활영어)

3단계
문제 풀이
New Trend
끝판왕 문제 풀이 시리즈
(문법, 어휘, 독해)

4단계
최종 정리
New Trend
만점 동형 모의고사
시리즈

New Trend
단기합격
VOCA

New Trend
올타임 레전드
하프 모의고사

Daily Training

New Trend
스파르타
일일 모의고사

New Trend
단판승 문법
적중 포인트 100

2025년
신경향(New Trend) ✦
보완 커리큘럼
합격을 위한
선택 과정

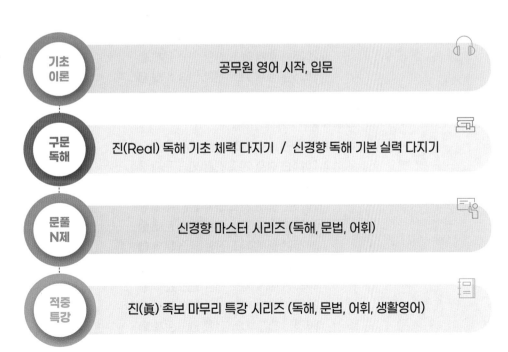

기초 이론
공무원 영어 시작, 입문

구문 독해
진(Real) 독해 기초 체력 다지기 / 신경향 독해 기본 실력 다지기

문풀 N제
신경향 마스터 시리즈 (독해, 문법, 어휘)

적중 특강
진(眞) 족보 마무리 특강 시리즈 (독해, 문법, 어휘, 생활영어)

CONTENTS

차례

진가영 영어
신경향 독해 마스터 시즌 2

진가영 영어연구소 | cafe.naver.com/easyenglish7

단일형 문항 ①
중심 내용 파악
[주제&요지]

단일형 문항 ❶
중심 내용 파악[주제 & 요지]

Unit 01 2025년 출제 기조 전환 예시 문제 ❶

① 문제 풀어보기

01 다음 글의 주제로 가장 적절한 것은?

제한시간 1분 30초 ~ 2분

2025년 출제 기조 전환 예시 문제 14번

> The Ministry of Food and Drug Safety warned that cases of food poisoning have occurred as a result of cross-contamination, where people touch eggs and neglect to wash their hands before preparing food or using utensils. To mitigate such risks, the ministry advised refrigerating eggs and ensuring they are thoroughly cooked until both the yolk and white are firm. Over the past five years, a staggering 7,400 people experienced food poisoning caused by Salmonella bacteria. Salmonella thri ves in warm temperatures, with approximately 37 degrees Celsius being the optimal growth condition. Consuming raw or undercooked eggs and failing to separate raw and cooked foods were identified as the most common causes of Salmonella infection. It is crucial to prioritize food safety measures and adhere to proper cooking practices to minimize the risk of Salmonella-related illnesses.

① Benefits of consuming eggs to the immune system
② Different types of treatments for Salmonella infection
③ Life span of Salmonella bacteria in warm temperatures
④ Safe handling of eggs for the prevention of Salmonella infection

② 문제 풀이 전략 학습하기

✏️ '주제' 문제 풀이 전략

STEP ① 선택지 확인 → 어휘 확인하고 내용 예측하기

① Benefits of consuming **eggs** to the immune system
② Different types of treatments for **Salmonella** infection
③ Life span of **Salmonella** bacteria in warm temperatures
④ Safe handling of **eggs** for the prevention of **Salmonella** infection

✏️ 공통 어휘가 없는 경우에는 바로 지문으로 들어가서 글에서 반복되는 어휘를 확인하기
　　선택지에 반의어 관계의 어휘가 나오면 두 개 선택지 중 하나가 답이 되는 경우가 많으므로 주의하기

STEP ② 지문 확인 → 단서(주제를 나타내는 문장) 찾기

STEP ③ 단서 확인 후 선택지 분석하기 → 오답 소거 후 정답 도출

단서	✗ **To mitigate such risks**, the ministry advised refrigerating eggs and ensuring they are thoroughly cooked until both the yolk and white are firm. 이러한 위험을 완화시키기 위해 식약처는 달걀을 냉장 보관하고 노른자와 흰자가 모두 단단해질 때까지 그것들을 완전히 익힐 것을 권고했다. ✗ **It is crucial** to prioritize food safety measures and adhere to proper cooking practices to minimize the risk of Salmonella-related illnesses. 살모넬라균과 관련된 질병의 위험을 최소화하기 위해 식품 안전 조치를 우선시하고 적절한 조리 관행을 지키는 것이 중요하다.
선택지 분석	① ~~Benefits~~ of consuming eggs to the ~~immune system~~ 면역 체계에 계란 섭취가 미치는 이점들 ② Different types of ~~treatments~~ for Salmonella infection 살모넬라 감염에 대한 다양한 치료법들 ③ ~~Life span~~ of Salmonella bacteria in warm temperatures 따뜻한 온도에서 살모넬라 박테리아의 수명 ④ Safe handling of eggs for the prevention of Salmonella infection 살모넬라 감염 예방을 위한 계란의 안전한 취급 방법

정답 ④

난이도 ▮▮▮▯

③ 중요 표현 복습하기

어휘 복습 TEST

① Ministry of Food and Drug Safety

_____

② food poisoning _____

③ cross-contamination

_____

④ neglect _____

⑤ utensil _____

⑥ mitigate _____

⑦ thoroughly _____

⑧ yolk _____

⑨ firm _____

⑩ staggering _____

⑪ cause _____

⑫ temperature _____

⑬ degree _____

⑭ Celsius _____

⑮ optimal _____

⑯ condition _____

⑰ consume _____

⑱ raw _____

⑲ undercooked _____

⑳ fail to부정사 _____

㉑ separate _____

㉒ identify _____

㉓ common _____

㉔ infection _____

㉕ prioritize _____

㉖ measure _____

㉗ adhere to _____

㉘ minimize _____

어휘 복습 ANSWER

❶ Ministry of Food and Drug Safety

식품의약품안전처

❷ food poisoning   식중독

❸ cross-contamination

(유해 박테리아에 의한) 교차 오염

❹ neglect   소홀하다, 방치하다,

무시하다, 간과하다

❺ utensil   도구, 기구, 가정용품

❻ mitigate   완화시키다, 경감시키다

❼ thoroughly   완전히, 철저히

❽ yolk   (달걀 등의) 노른자(위)

❾ firm   단단한, 확고한, 회사

❿ staggering   놀랍게도, 충격적인,

믿기 어려운, 비틀거리는

⓫ cause   야기하다, 초래하다, 이유, 원인

⓬ temperature   온도, 기온, 체온

⓭ degree   (온도 단위인) 도, 정도, 학위, 등급

⓮ Celsius   섭씨의

⓯ optimal   최적의, 최선의

⓰ condition   조건, 상태, 상황

⓱ consume   먹다, 마시다, 소모하다

⓲ raw   날것의, 익히지 않은, 가공되지 않은

⓳ undercooked   (음식이) 설익은

⓴ fail to부정사   ~하지 못하다

㉑ separate   분리된, 분리하다, 가르다

㉒ identify   확인하다, 발견하다, 동일시하다

㉓ common   흔한, 공동의, 공통의

㉔ infection   감염, 전염병

㉕ prioritize   우선시하다, 우선 순위를 매기다,

우선적으로 처리하다

㉖ measure   조치, 정책, 측정, 치수, 양,

재다, 측정하다

㉗ adhere to   지키다, ~을 고수하다

㉘ minimize   최소화하다, 축소하다

④ 지문 해석 확인하기

식품의약품안전처는 음식을 준비하거나 도구를 사용하기 전에 사람들이 달걀을 만지고 손을 씻는 것에 소홀하는 교차 오염의 결과로 식중독 사례가 발생했다고 경고했다. 이러한 위험을 완화시키기 위해 식약처는 달걀을 냉장 보관하고 노른자와 흰자가 모두 단단해질 때까지 그것들을 완전히 익힐 것을 권고했다. 지난 5년간, 놀랍게도 7,400명의 사람들이 살모넬라균에 의해 야기된 식중독을 경험했다. 살모넬라균은 따뜻한 온도에서 번성하며, 대략 섭씨 37도가 최적의 성장 조건이다. 날달걀 또는 설익은 달걀을 먹고 날음식과 익힌 음식을 분리하지 못하는 것이 살모넬라균 감염의 가장 흔한 원인으로 확인되었다. 살모넬라균과 관련된 질병의 위험을 최소화하기 위해 식품 안전 조치를 우선시하고 적절한 조리 관행을 지키는 것이 중요하다.

Unit 01 | 2025년 출제 기조 전환 예시 문제 ❷

1 문제 풀어보기

02 다음 글의 요지로 가장 적절한 것은?

🕐 제한시간 1분 30초 ~ 2분

2025년 출제 기조 전환 예시 문제 15번

Despite ongoing efforts to address educational disparities, the persistent achievement gap among students continues to highlight significant inequities in the education system. Recent data reveal that marginalized students, including those from low-income back grounds and vulnerable groups, continue to lag behind their peers in academic performance. The gap poses a challenge to achieving educational equity and social mobility. Experts emphasize the need for targeted interventions, equitable resource allocation, and inclusive policies to bridge this gap and ensure equal opportunities for all students, irrespective of their socioeconomic status or background. The issue of continued educational divide should be addressed at all levels of education system in an effort to find a solution.

① We should deal with persistent educational inequities.
② Educational experts need to focus on new school policies.
③ New teaching methods are necessary to bridge the achievement gap.
④ Family income should not be considered in the discussion of education.

② 문제 풀이 전략 학습하기

‘요지’ 문제 풀이 전략

STEP ① 선택지 확인 → 어휘 확인하고 내용 예측하기

① We should deal with persistent **educational** inequities.

② **Educational** experts need to focus on new school policies.

③ New **teaching** methods are necessary to bridge the achievement gap.

④ Family income should not be considered in the discussion of **education**.

✎ 공통 어휘가 없는 경우에는 바로 지문으로 들어가서 글에서 반복되는 어휘를 확인하기
선택지에 반의어 관계의 어휘가 나오면 두 개 선택지 중 하나가 답이 되는 경우가 많으므로 주의하기

STEP ② 지문 확인 → 단서(요지를 나타내는 문장) 찾기

STEP ③ 단서 확인 후 선택지 분석하기 → 오답 소거 후 정답 도출

단서	⚔ **Despite** ongoing efforts to address educational disparities, the persistent achievement gap among students continues to highlight significant inequities in the education system. 교육 격차를 해결하기 위한 지속적인 노력에도 불구하고, 학생들 간의 끊임없이 지속되는 성취 격차는 교육 체제의 상당한 불평등을 계속해서 강조하고 있다. ⚔ The issue of continued educational divide **should** be addressed at all levels of education system in an effort to find a solution. 지속적인 교육 격차의 문제는 교육 체제의 모든 수준에서 해결책을 찾기 위한 노력으로 해결되어야 한다.
선택지 분석	① We should deal with persistent educational inequities. 우리는 지속적인 교육 불평등을 해결해야 한다. ② Educational experts need to focus on ~~new school policies~~. 교육 전문가들은 새로운 학교 정책에 초점을 맞출 필요가 있다. ③ ~~New teaching methods~~ are necessary to bridge the achievement gap. 성취 격차를 해소하기 위해 새로운 교수 방법이 필요하다. ④ ~~Family income~~ should not be considered in the discussion of education. 교육 논의에서 가정 소득은 고려되지 않아야 한다.

정답 ①

난이도 ▮▮▮

③ 중요 표현 복습하기

어휘 복습 TEST

① despite _____

② ongoing _____

③ disparity _____

④ persistent _____

⑤ highlight _____

⑥ inequity _____

⑦ marginalize _____

⑧ low-income _____

⑨ background _____

⑩ lag behind _____

⑪ pose _____

⑫ challenge _____

⑬ equity _____

⑭ mobility _____

⑮ emphasize _____

⑯ intervention _____

⑰ equitable _____

⑱ allocation _____

⑲ inclusive _____

⑳ bridge the gap _____

㉑ irrespective of _____

㉒ status _____

㉓ educational divide _____

㉔ address _____

어휘 복습 ANSWER

① despite — ~에도 불구하고

② ongoing — 지속적인, 계속 진행 중인

③ disparity — 격차, 차이

④ persistent — 끊임없이 지속되는, 끈질긴, 집요한

⑤ highlight — 강조하다, 돋보이게 하다

⑥ inequity — 불공평, 불공정

⑦ marginalize — ~을 소외되게 하다, 사회적으로 무시하다

⑧ low-income — 저소득의

⑨ background — 배경, 배후 사정

⑩ lag behind — ~보다 뒤(처)지다, 뒤떨어지다

⑪ pose — 제기하다, 두다, 놓다, 자세[태도]를 취하다, ~인 체하다

⑫ challenge — 어려움, 도전, 이의를 제기하다

⑬ equity — 형평성, 공평, 공정

⑭ mobility — 이동성, 기동성, 유동성

⑮ emphasize — 강조하다

⑯ intervention — 개입, 간섭

⑰ equitable — 공평한, 공정한

⑱ allocation — 배분, 할당

⑲ inclusive — 포용적인, 포괄적인, 포함된

⑳ bridge the gap — 격차를 해소하다

㉑ irrespective of — ~와 관계[상관]없이

㉒ status — 지위, 신분, 자격

㉓ educational divide — 교육 격차

㉔ address — 해결하다, 다루다, 연설하다, 주소, 연설

④ 지문 해석 확인하기

교육 격차를 해결하기 위한 지속적인 노력에도 불구하고, 학생들 간의 끊임없이 지속되는 성취 격차는 교육 체제의 상당한 불평등을 계속해서 강조하고 있다. 최근 자료들은 저소득층 배경과 취약 계층을 포함한 소외된 학생들이 학업 성적에서 동료들보다 계속 뒤처지고 있음을 보여준다. 격차는 교육 형평성과 사회 이동성을 달성하는 데 어려움을 제기한다. 전문가들은 이러한 격차를 해소하고 사회경제적 지위나 배경에 관계없이 모든 학생들에게 균등한 기회를 보장하기 위해 표적적 개입, 공평한 자원 배분, 포용적 정책의 필요성을 강조한다. 지속적인 교육 격차의 문제는 교육 체제의 모든 수준에서 해결책을 찾기 위한 노력으로 해결되어야 한다.

Unit 02 | 2025년 출제 기조 전환 연습 문제 ❶

1 문제 풀어보기

01 다음 글의 주제로 가장 적절한 것은?   ⏰ 제한시간 1분 30초 ~ 2분

The prevailing belief that the concept of space — a three-dimensional area where events and objects exist and possess relative direction and position — is universally understood is currently under scrutiny. Stephen Levinson has demonstrated that the methods by which cultures navigate and describe space can significantly vary, with linguistic distinctions influencing unique cognitive patterns. More precisely, the way languages articulate spatial concepts differs, and in certain cases, these linguistic expressions shape the cognitive frameworks associated with space. Furthermore, speakers of various languages often avoid using spatial terminology linked to the body's axes of left-right and front-back. An illustration of this can be found among the Tenejapa Tzeltal community in Mexico, whose language lacks a relative frame of reference, resulting in the absence of spatial terms equivalent to left, right, front, and back. While there are specific terms for the left and right hand, these terms are not applied to other body parts or to external spaces.

① The influence of cultural practices on business communication
② The universal nature of time and space concepts
③ Cross-cultural variances in non-verbal space-related signals
④ Differences in the understanding of spatial concepts due to language

② 문제 풀이 전략 학습하기

'주제' 문제 풀이 전략

STEP ① 선택지 확인 → 어휘 확인하고 내용 예측하기

① The influence of **cultural** practices on business communication
② The universal nature of time and **space** concepts
③ Cross-**cultural** variances in non-verbal **space**-related signals
④ Differences in the understanding of **spatial** concepts due to language

✎ 공통 어휘가 없는 경우에는 바로 지문으로 들어가서 글에서 반복되는 어휘를 확인하기
   선택지에 반의어 관계의 어휘가 나오면 두 개 선택지 중 하나가 답이 되는 경우가 많으므로 주의하기

STEP ② 지문 확인 → 단서(주제를 나타내는 문장) 찾기

STEP ③ 단서 확인 후 선택지 분석하기 → 오답 소거 후 정답 도출

단서	✦ **Stephen Levinson has demonstrated that** the methods by which cultures navigate and describe space can significantly vary, with linguistic distinctions influencing unique cognitive patterns. Stephen Levinson은 문화가 공간을 탐색하고 설명하는 방법은 상당히 다양할 수 있으며, 언어의 차이가 독특한 인지 패턴에 영향을 미친다는 것을 증명했다. ✦ **More precisely**, the way languages articulate spatial concepts differs, and in certain cases, these linguistic expressions shape the cognitive frameworks associated with space. 더 정확하게는, 언어가 공간 개념을 표현하는 방식은 다르고, 특정한 경우에 이러한 언어의 표현이 공간과 관련된 인지적 체계를 형성한다.
선택지 분석	① The influence of cultural practices on ~~business communication~~ 문화적 관행이 사업 의사소통에 미치는 영향 ② The ~~universal nature~~ of time and space concepts 시간과 공간 개념의 보편적 속성 ③ Cross-cultural variances in ~~non-verbal~~ space-related signals 비언어적인 공간 관련 신호의 문화간 차이 ④ Differences in the understanding of spatial concepts due to language 언어로 인한 공간 개념의 이해 차이

정답 ④

난이도 ▮▮▮

③ 중요 표현 복습하기

어휘 복습 TEST

① prevailing _____

② three-dimensional _____

③ scrutiny _____

④ demonstrate _____

⑤ linguistic _____

⑥ terminology _____

⑦ absence _____

⑧ articulate _____

⑨ spatial _____

⑩ illustration _____

⑪ reference _____

⑫ term _____

어휘 복습 ANSWER

① prevailing 지배적인, 우세한, 널리 퍼져 있는

② three-dimensional 삼차원의, 입체적인

③ scrutiny 철저한 검토, 정밀 조사

④ demonstrate 증명[논증]하다, 보여주다, 설명하다

⑤ linguistic 언어(학)의, 말의

⑥ terminology 용어들, 전문 용어

⑦ absence 없음, 부재

⑧ articulate 분명히 표현하다[설명하다], 또렷하게 발음하다

⑨ spatial 공간의, 공간적인

⑩ illustration 삽화[도해], 실례[예/보기]

⑪ reference 참조, 참고, 언급

⑫ term 용어, 말, 학기, 임기

④ 지문 해석 확인하기

사건과 물체가 존재하고 상대적인 방향과 위치를 갖는 삼차원 영역인 공간의 개념이 보편적으로 이해된다는 지배적인 믿음은 현재 철저히 검토되고 있다. Stephen Levinson은 "문화가 공간을 탐색하고 설명하는 방법은 상당히 다양할 수 있으며, 언어의 차이가 독특한 인지 패턴에 영향을 미친다"고 증명했다. 더 정확하게는, 언어가 공간 개념을 표현하는 방식은 다르고, 특정한 경우에 이러한 언어의 표현이 공간과 관련된 인지적 체계를 형성한다. 게다가 다양한 언어를 사용하는 사람들은 종종 신체의 좌우와 앞뒤의 축에 연결된 공간 용어들을 사용하는 것을 피한다. 이것의 예로는 멕시코의 Tenejapa Tzeltal 공동체에서 찾을 수 있는데, 이들의 언어는 상대적 참조 프레임이 없어 좌, 우, 앞, 뒤와 동등한 공간 용어가 없다. 왼손과 오른손에 대한 특정 용어가 있지만, 이러한 용어들은 다른 신체 부위나 외부 공간에는 적용되지 않는다.

Unit 02 | 2025년 출제 기조 전환 연습 문제 ❷

(1) 문제 풀어보기

02 다음 글의 요지로 가장 적절한 것은?

⏰ 제한시간 1분 30초 ~ 2분

A prevalent misunderstanding surrounding creativity posits that resolving complex challenges necessitates a stroke of genius. While this notion might hold weight in the realms of pure science, within the commercial sector and the minutiae of everyday life, it's rarely a single, miraculous solution that yields results. Rather, it's the accumulation of various, ostensibly straightforward ideas that truly makes a difference. The essence lies in amassing a sufficient number of solutions that address discrete segments of the broader issue, rendering the daunting task surprisingly manageable. Creativity emerges from the unique amalgamation of concepts, and given the formidable task of pinpointing the genesis of ideas, it's advisable to generate a broad spectrum of thoughts in the hopes that some will resonate. This approach is emblematic of the methodology employed by eminent scientists and artists alike. As noted by author Walter Isaacson, "The sparks come from ideas rubbing against each other rather than as bolts out of the blue."

① Attaining top-notch results requires the attainment of superior performance.
② Addressing complex issues effectively demands adept problem-solving skills.
③ A multitude of straightforward ideas can facilitate problem-solving.
④ Generating innovative ideas poses a considerable challenge.

② 문제 풀이 전략 학습하기

'요지' 문제 풀이 전략

STEP ① 선택지 확인 → 어휘 확인하고 내용 예측하기

① Attaining top-notch results requires the attainment of **superior performance**.

② Addressing complex issues effectively demands adept **problem-solving** skills.

③ A multitude of straightforward ideas can facilitate **problem-solving**.

④ Generating **innovative ideas** poses a considerable challenge.

✏️ 공통 어휘가 없는 경우에는 바로 지문으로 들어가서 글에서 반복되는 어휘를 확인하기
   선택지에 반의어 관계의 어휘가 나오면 두 개 선택지 중 하나가 답이 되는 경우가 많으므로 주의하기

STEP ② 지문 확인 → 단서(요지를 나타내는 문장) 찾기

STEP ③ 단서 확인 후 선택지 분석하기 → 오답 소거 후 정답 도출

단서	✄ **Rather**, it's the accumulation of various, ostensibly straightforward ideas that truly makes a difference. 오히려, 진정으로 차이를 만드는 것은 다양하고 표면적으로는 간단한 아이디어의 축적이다. ✄ **The essence lies in** amassing a sufficient number of solutions that address discrete segments of the broader issue, rendering the daunting task surprisingly manageable. 본질은 광범위한 문제의 개별적인 부분을 해결할 수 있는 충분한 수의 해결책을 모으는 것에 있으며, 이를 통해 벅찬 과제를 놀라울 정도로 다루기 쉽게 만든다.
선택지 분석	① Attaining ~~top-notch results~~ requires the attainment of ~~superior performance~~. 최상의 결과를 이루는 것은 우수한 성과의 달성을 필요로 한다. ② Addressing complex issues effectively demands ~~adept problem-solving skills~~. 복잡한 문제를 효과적으로 해결하는 것은 능숙한 문제 해결 기술을 요구한다. ③ A multitude of straightforward ideas can facilitate problem-solving. 여러 가지 간단한 아이디어는 문제 해결을 촉진할 수 있다. ④ Generating innovative ideas poses a ~~considerable challenge~~. 혁신적인 아이디어를 창출하는 것은 상당한 도전 과제를 제시한다.

정답 ③

난이도 ▮▮▯

③ 중요 표현 복습하기

어휘 복습 TEST

① prevalent _____

② stroke _____

③ realm _____

④ yield _____

⑤ ostensibly _____

⑥ straightforward _____

⑦ daunting _____

⑧ formidable _____

⑨ pinpoint _____

⑩ emblematic _____

⑪ attain _____

⑫ top-notch _____

어휘 복습 ANSWER

① prevalent 널리 퍼져 있는, 일반적인

② stroke 수완, 타격, 쓰다듬다

③ realm 영역, 범위, 왕국

④ yield 산출하다, 양보하다, 산출(량)

⑤ ostensibly 표면적으로, 표면상으로

⑥ straightforward 간단한, 솔직한

⑦ daunting 벅찬, 주눅이 들게 하는

⑧ formidable 만만치 않은, 감당하기 어려운

⑨ pinpoint 정확히 찾아내다, 정확한

⑩ emblematic 전형적인, 상징적인

⑪ attain 달성하다, 이루다, 이르다, 도달하다

⑫ top-notch 최고의, 일류의

④ 지문 해석 확인하기

창의성에 대해 널리 퍼져 있는 오해는 복잡한 문제를 해결하려면 천재적인 수완이 필요하다는 것이다. 이 개념은 순수 과학의 영역에서는 중요할 수 있지만, 상업 분야와 일상 생활의 세부 사항에서는 결과를 산출하는 단일하고 기적적인 해결책은 거의 드물다. 오히려, 진정으로 차이를 만드는 것은 다양하고 표면적으로는 간단한 아이디어의 축적이다. 본질은 광범위한 문제의 개별적인 부분을 해결할 수 있는 충분한 수의 해결책을 모으는 것에 있으며, 이를 통해 벅찬 과제를 놀라울 정도로 다루기 쉽게 만든다. 창의성은 개념들의 독특한 조합에서 나타나며, 아이디어의 기원을 정확히 찾아내는 것이 만만치 않은 일임을 고려할 때, 일부는 반향을 일으키기를 바라는 마음에서 다양한 범위의 생각들을 생성하는 것이 바람직하다. 이 접근법은 저명한 과학자들과 예술가들 모두가 사용하는 방법론의 전형이다. "번뜩임은 갑자기 번쩍하는 번개가 아니라 아이디어가 서로 부딪히면서 나온다."라고 작가 Walter Isaacson이 언급했다.

Unit 02 | 2025년 출제 기조 전환 연습 문제 ❸

① 문제 풀어보기

03 다음 글의 주제로 가장 적절한 것은? ⏰ 제한시간 1분 30초 ~ 2분

On average, individuals in both America and Britain tend to replace their cell phones every eighteen months, despite these devices having the potential to last up to a decade. Each year, more than 130 million fully functional cell phones in the United States, along with 15 million in the UK, are discarded as obsolete. Only a small fraction of these phones are refurbished and reused. Following closely behind the cell phone in terms of a renewed short product lifecycle is the iPod. Since its launch in 2001, the iPod underwent six iterations of its original model by 2009. If you were among the consumers who upgraded to each new version of the iPod released between 2001 and 2009, you would have ended up with eighteen iPods by now.

① The history of technological advancement
② New things we're obsessed with
③ More choices, less consumption
④ The evolution of electronic devices

② 문제 풀이 전략 학습하기

'주제' 문제 풀이 전략

STEP ① 선택지 확인 → 어휘 확인하고 내용 예측하기

① The history of **technological advancement**
② **New things** we're obsessed with
③ More choices, less **consumption**
④ The evolution of **electronic devices**

✏ 공통 어휘가 없는 경우에는 바로 지문으로 들어가서 글에서 반복되는 어휘를 확인하기
선택지에 반의어 관계의 어휘가 나오면 두 개 선택지 중 하나가 답이 되는 경우가 많으므로 주의하기

STEP ② 지문 확인 → 단서(주제를 나타내는 문장) 찾기

STEP ③ 단서 확인 후 선택지 분석하기 → 오답 소거 후 정답 도출

단서	⚔ On average, individuals in both America and Britain tend to replace their cell phones every eighteen months, **despite** these devices having the potential to last up to a decade. 평균적으로, 미국과 영국의 사람들은 그들의 휴대전화를 10년까지 지속될 수도 있는 가능성이 있음에도 불구하고 그들의 휴대전화를 18개월마다 교체하는 경향이 있다.
선택지 분석	① The ~~history~~ of technological advancement 기술적 진보의 역사 ②New things we're obsessed with 우리가 집착하는 새로운 것들 ③ More choices, ~~less consumption~~ 더 많은 선택, 더 적은 소비 ④ The ~~evolution~~ of electronic devices 전자기기의 진화

정답 ②

난이도 ▮▮▯

③ 중요 표현 복습하기

어휘 복습 TEST

① individual _____

② along with _____

③ discard _____

④ renew _____

⑤ product lifecycle _____

⑥ launch _____

⑦ iteration _____

⑧ end up with _____

어휘 복습 ANSWER

① individual   개인, 사람, 개인의

② along with   ~와 마찬가지로, ~에 덧붙여,

                 ~와 함께, ~에 따라

③ discard   버리다, 폐기하다

④ renew   새롭게 하다, 재개하다, 갱신하다

⑤ product lifecycle   제품 수명 주기

⑥ launch   출시, 출시[출간]하다, 시작[개시]하다

⑦ iteration   반복, 되풀이

⑧ end up with   결국[항상] ~와 함께 하다,

                 결국 ~하게 되다

④ 지문 해석 확인하기

평균적으로, 미국과 영국의 사람들은 그들의 휴대전화를 10년까지 지속될 수도 있는 가능성이 있음에도 불구하고 그들의 휴대전화를 18개월마다 교체하는 경향이 있다. 매년 미국에서는 1억 3천만 대 이상, 영국에서도 마찬가지로 1천 5백만 대의 완전히 기능하는 휴대전화가 쓸모가 없다고 버려진다. 이 휴대전화들 중 극히 일부만이 새롭게 되고 재사용된다. 휴대전화에 이어 제품 수명 주기가 놀라울 정도로 짧은 것으로는 아이팟이 있다. 2001년에 출시된 이후로, 2009년까지 아이팟은 초기 모델을 여섯 번 반복을 거쳤다. 만약 2001년과 2009년 사이에 출시된 각 새로운 버전으로 업그레이드한 소비자들 중 당신이 있다면, 지금까지 결국 18대의 아이팟과 함께 했을 것이다.

Unit 02 | 2025년 출제 기조 전환 연습 문제 ④

① 문제 풀어보기

04 다음 글의 요지로 가장 적절한 것은?

제한시간 1분 30초 ~ 2분

Reflect on individuals with disabilities. They are often assessed by standards of competence that inherently favor those without disabilities. Take, for example, comparing an average person who is blind with an average person who is sighted in terms of navigating from one location to another. It might be instinctive to assume that the sighted individual would be more adept due to their ability to see their surroundings. However, this assessment employs an unjust standard. If we reevaluate competence under the equitable criterion of who can navigate more effectively with their eyes closed, the person who is blind undoubtedly excels. This understanding of the capabilities of people who are blind, and by extension, other individuals facing social marginalization, encourages us to recognize and value their distinct skills for what they truly are. It prompts us to move beyond unfair discrimination, pity, or contempt rooted in misconceptions that only exist within our conventional, biased viewpoints.

① The difficulties experienced by the disabled must be addressed promptly.
② Education to improve awareness of the disabled has often been formal.
③ Understanding people with disabilities without prejudice can properly acknowledge their abilities.
④ It is necessary to reorganize the social system in consideration of the position of the disabled.

② 문제 풀이 전략 학습하기

'요지' 문제 풀이 전략

STEP ① 선택지 확인 → 어휘 확인하고 내용 예측하기

① The difficulties experienced by **the disabled** must be addressed promptly.

② Education to improve awareness of **the disabled** has often been formal.

③ Understanding people with **disabilities** without prejudice can properly acknowledge their abilities.

④ It is necessary to reorganize the social system in consideration of the position of **the disabled**.

🖊 공통 어휘가 없는 경우에는 바로 지문으로 들어가서 글에서 반복되는 어휘를 확인하기
선택지에 반의어 관계의 어휘가 나오면 두 개 선택지 중 하나가 답이 되는 경우가 많으므로 주의하기

STEP ② 지문 확인 → 단서(요지를 나타내는 문장) 찾기

STEP ③ 단서 확인 후 선택지 분석하기 → 오답 소거 후 정답 도출

단서	✗ **However**, this assessment employs an unjust standard. 그러나 이러한 평가는 불공정한 기준을 사용한 것이다. ✗ This understanding of the capabilities of people who are blind, and by extension, other individuals facing social marginalization, **encourages us** to recognize and value their distinct skills for what they truly are. 시각 장애인의 능력, 더 나아가 사회적으로 소외된 다른 사람들의 능력들을 이해하는 것은 그들의 독특한 기술을 진정한 가치로 인정하게 한다. ✗ **It prompts us to move** beyond unfair discrimination, pity, or contempt rooted in misconceptions that only exist within our conventional, biased viewpoints. 이는 우리가 전통적이고 편향된 관점 안에서만 존재하는 잘못된 생각에 뿌리를 둔 부당한 차별, 동정, 또는 경멸을 넘어서도록 촉구한다.
선택지 분석	① The difficulties experienced by the disabled ~~must be addressed~~ promptly. 장애인들이 겪는 어려움은 즉각적으로 해결되어야 한다. ② ~~Education~~ to improve awareness of the disabled has often been ~~formal~~. 장애인에 대한 인식개선 교육은 형식적인 종종 형식적이었다. ③Understanding people with disabilities without prejudice can properly acknowledge their abilities. 편견 없이 장애인을 이해하면 그들의 능력을 제대로 인정할 수 있다. ④ It is necessary to ~~reorganize the social system~~ in consideration of the position of the disabled. 장애인의 입장을 고려한 사회적 제도의 개편이 필요하다.

정답 ③

난이도 🔋🔋🔋

③ 중요 표현 복습하기

어휘 복습 TEST

❶ reflect _____

❷ blind _____

❸ navigate _____

❹ assessment _____

❺ employ _____

❻ equitable _____

❼ excel _____

❽ by extension _____

❾ marginalize _____

❿ discrimination _____

⓫ contempt _____

⓬ biased _____

어휘 복습 ANSWER

❶ reflect 생각하다, 반사하다, 반영하다

❷ blind 시각 장애인의, 맹인인

❸ navigate 길을 찾다, 항해하다

❹ assessment 평가

❺ employ 사용하다, 쓰다, 고용하다

❻ equitable 공평한, 공정한

❼ excel 뛰어나다, 탁월하다

❽ by extension 더 나아가

❾ marginalize 사회에서 소외하다, 사회적으로 무시하다

❿ discrimination 차별, 구별, 식별, 안목

⓫ contempt 경멸, 무시

⓬ biased 편향된, 선입견이 있는

④ 지문 해석 확인하기

장애를 가진 사람들에 대해 생각해 보자. 그들은 종종 장애가 없는 사람들을 본질적으로 유리한 능력 기준에 의해 평가된다. 예를 들어, 시각 장애인 평균적인 사람들과 시력이 정상인 평균적인 사람들을 한 장소에서 다른 장소로 길을 찾는 능력면에서 비교해 보자. 시력이 정산인 사람은 주변 환경을 볼 수 있는 능력 때문에 더 능숙할 것이라고 본능적으로 생각할 수 있다. 그러나 이러한 평가는 불공정한 기준을 사용한 것이다. 만약 눈을 감고 누가 더 효율적으로 길을 찾을 수 있는가라는 공평한 기준으로 능력을 재평가하면, 분명 시각 장애인이 의심할 여지 없이 뛰어날 것이다. 시각 장애인의 능력, 더 나아가 사회적으로 소외된 다른 사람들의 능력들을 이해하는 것은 그들의 독특한 기술을 진정한 가치로 인정하게 한다. 이는 우리가 전통적이고 편향된 관점 안에서만 존재하는 잘못된 생각에 뿌리를 둔 부당한 차별, 동정, 또는 경멸을 넘어서도록 촉구한다.

Unit 02 2025년 출제 기조 전환 연습 문제 ❺

1 문제 풀어보기

05 다음 글의 주제로 가장 적절한 것은? ⏱ 제한시간 1분 30초 ~ 2분

> Alberto E. Minetti, a professor of physiology at the University of Milan, and his graduate student Gaspare Pavei compared carbon dioxide emissions from four men walking, running, and biking with emissions from using hybrid cars for travel. Their research revealed that jogging produced more CO_2 emissions from the four men than if they were to travel in a hybrid car. Conversely, the average emissions from four women jogging would be lower than from riding in a car, attributed to their generally lower body mass. The conclusion is clear : Don't run the next time you and three other boyfriends are late for the movie. Opt for a hybrid taxi instead if you're mindful of environmental conservation. Hybrid vehicles have advanced to the point where they now surpass even running, a form of human movement, in terms of environmental friendliness.

① Vehicles surpassing human eco-friendliness
② The rising preference for hybrid vehicles among male drivers
③ Increased pedestrianism and reduced automobile use for planetary health
④ The superior environmental benefits of hybrid vehicles over bicycles

② 문제 풀이 전략 학습하기

'주제' 문제 풀이 전략

STEP ① 선택지 확인 → 어휘 확인하고 내용 예측하기

① **Vehicles** surpassing human eco-friendliness
② The rising preference for hybrid **vehicles** among male drivers
③ Increased pedestrianism and reduced **automobile** use for planetary health
④ The superior environmental benefits of hybrid **vehicles** over bicycles

✏️ 공통 어휘가 없는 경우에는 바로 지문으로 들어가서 글에서 반복되는 어휘를 확인하기
　　선택지에 반의어 관계의 어휘가 나오면 두 개 선택지 중 하나가 답이 되는 경우가 많으므로 주의하기

STEP ② 지문 확인 → 단서(주제를 나타내는 문장) 찾기

STEP ③ 단서 확인 후 선택지 분석하기 → 오답 소거 후 정답 도출

단서	☆ **Their research revealed that** jogging produced more CO2 emissions from the four men than if they were to travel in a hybrid car. 그들의 연구는 네 명의 남성이 조깅할 때 발생하는 이산화탄소 배출량이 하이브리드 자동차를 타고 이동할 때보다 더 많다는 것을 밝혀냈다. ☆ Hybrid vehicles have advanced to the point where they now surpass even running, a form of human movement, in terms of environmental friendliness. 하이브리드 차량은 이제 환경 친화성 측면에서 인간의 이동 수단인 달리기를 능가하는 수준으로 발전했다.
선택지 분석	① Vehicles surpassing human eco-friendliness 인간의 친환경성을 능가하는 차량 ② The rising preference for hybrid vehicles among male drivers 남성 운전자의 하이브리드 차량 선호도 증가 ③ Increased pedestrianism and reduced automobile use for planetary health 지구의 건강을 위한 보행자의 증가와 감소된 자동차 사용 ④ The superior environmental benefits of hybrid vehicles over bicycles 하이브리드 차량이 자전거보다 더 뛰어난 환경적 이점

정답 ①

난이도 ▮▮▮▯

③ 중요 표현 복습하기

어휘 복습 TEST

① carbon dioxide _____

② comparison _____

③ emission _____

④ hybrid _____

⑤ conclusion _____

⑥ opt _____

⑦ be attributed to _____

⑧ mindful _____

⑨ conservation _____

⑩ surpass _____

⑪ in terms of _____

⑫ pedestrianism _____

어휘 복습 ANSWER

① carbon dioxide 이산화탄소

② comparison 비교, 비유

③ emission 배출, 배기가스

④ hybrid (자동차가) 하이브리드[전기, 휘발유 병용]의, 잡종의, 혼성[혼종]의

⑤ conclusion 결론, 판단

⑥ opt 선택하다, 고르다

⑦ be attributed to ~에 기인하다

⑧ mindful 염두에 두는, 의식하는

⑨ conservation 보호, 보존

⑩ surpass 능가하다, 뛰어넘다

⑪ in terms of ~의 면에서, ~에 관하여

⑫ pedestrianism 도보, 도보주의

④ 지문 해석 확인하기

밀라노 대학의 생리학 교수인 Alberto E. Minetti와 그의 대학원생 Gaspare Pavei는 걷고, 뛰고, 자전거를 타는 네 명의 남성으로부터의 이산화탄소 배출량과 하이브리드 자동차를 이용하여 이동하는 배출량을 비교했다. 그들의 연구는 네 명의 남성이 조깅할 때 발생하는 이산화탄소 배출량이 하이브리드 자동차를 타고 이동할 때보다 더 많다는 것을 밝혀냈다. 반면, 네 명의 여성이 조깅할 때 평균 배출량은 일반적으로 몸무게가 더 낮기 때문에 차를 타고 이동하는 것보다 낮았다. 결론은 분명하다. 다음 번에 당신과 세 명의 다른 남자친구들이 영화 시간에 늦었을 때 뛰지 마라. 환경 보호를 염두에 둔다면 대신 하이브리드 택시를 선택해라. 하이브리드 차량은 이제 환경 친화성의 면에서 인간의 이동 수단인 달리기를 능가하는 수준으로 발전했다.

Unit 02 | 2025년 출제 기조 전환 연습 문제 ❻

① 문제 풀어보기

06 다음 글의 요지로 가장 적절한 것은?   🕐 제한시간 1분 30초 ~ 2분

When engaging in thought, you're essentially employing your imagination to conjure up a mental representation of an event, rather than experiencing the actual event itself. For instance, if you're reflecting on a football match while driving home, what you're doing is reconstructing the game within your mind. The reality of the game has passed; it now exists solely as a memory. It was once a tangible occurrence, but now it's not. In a similar vein, when you dwell on the state of your marriage, you're processing it internally. It's entirely a product of your imagination. In effect, you're crafting a narrative about your relationship. The perceptions you hold about your relationship are merely that — perceptions. This illustrates the truth behind the adage, "Things aren't as bad as they seem." The explanation for why circumstances "appear so dire" lies in the mind's capacity to vividly re-enact past experiences and simulate future ones, making them feel as though they're unfolding in real-time-even when they're not. In addition, the mind is good at exaggerating any situation to make it look more dramatic than reality.

① You can come up with novel solutions by using your imagination.

② Imagination is just a thought in your mind that can make things look worse.

③ Identifying complex causal relationships between multiple events gives insight.

④ Imagination plays an important role in accurately grasping the nature of events.

② 문제 풀이 전략 학습하기

'요지' 문제 풀이 전략

STEP ① 선택지 확인 → 어휘 확인하고 내용 예측하기

① You can come up with novel solutions by using your **imagination**.
② **Imagination** is just a thought in your mind that can make things look worse.
③ Identifying complex causal relationships between multiple events gives insight.
④ **Imagination** plays an important role in accurately grasping the nature of events.

✎ 공통 어휘가 없는 경우에는 바로 지문으로 들어가서 글에서 반복되는 어휘를 확인하기
　선택지에 반의어 관계의 어휘가 나오면 두 개 선택지 중 하나가 답이 되는 경우가 많으므로 주의하기

STEP ② 지문 확인 → 단서(요지를 나타내는 문장) 찾기

STEP ③ 단서 확인 후 선택지 분석하기 → 오답 소거 후 정답 도출

단서	✦ When engaging in thought, you're essentially employing your imagination to conjure up a mental representation of an event, rather than experiencing the actual event itself. **For instance**, ~. 생각을 할 때, 당신은 본질적으로 실제 사건 자체를 경험하는 것이 아니라 사건의 정신적 표상을 떠올리기 위해 당신의 상상력을 동원하는 것이다. 예를 들면, ~. ✦ **The explanation for why** circumstances "appear so dire" lies in the mind's capacity to vividly re-enact past experiences and simulate future ones, making them feel as though they're unfolding in real-time-even when they're not. 상황이 "매우 심각해 보이는" 이유는 마음이 과거의 경험을 생생하게 재연하고 미래의 상황을 시뮬레이션하는 마음의 능력에 있으며, 실제로는 그렇지 않을 때도 실시간으로 전개되는 것처럼 느끼게 한다.
선택지 분석	① You can come up with ~~novel solutions~~ by using your imagination. 당신의 상상력을 활용하여 당신은 새로운 해결책을 제시할 수 있다. ②Imagination is just a thought in your mind that can make things look worse. 상상력은 상황을 더 나쁘게 보이게 만들 수 있는 당신의 마음속의 생각일 뿐이다. ③ Identifying complex ~~causal relationships~~ between multiple events gives ~~insight~~. 여러 사건들 사이의 복잡한 인과관계를 규명하는 것은 통찰력을 준다. ④ Imagination plays an important role in accurately grasping ~~the nature of events~~. 상상력은 사건의 본질을 정확하게 파악하는 데 중요한 역할을 한다.

정답 ②

난이도 ▮▮▮

③ 중요 표현 복습하기

어휘 복습 TEST

① conjure up _____
② representation _____
③ reconstruct _____
④ tangible _____
⑤ in a similar vein _____
⑥ dwell on _____
⑦ craft _____
⑧ narrative _____

⑨ perception _____
⑩ illustrate _____
⑪ adage _____
⑫ dire _____
⑬ exaggerate _____
⑭ grasp _____
⑮ re-enact _____

어휘 복습 ANSWER

① conjure up ~을 떠올리게 하다[상기시키다]
② representation 표상, 표현, 묘사
③ reconstruct 재구성[재현]하다, 재건[복원]하다
④ tangible 실체의, 실재하는
⑤ in a similar vein 비슷한 맥락에서
⑥ dwell on 깊이 생각하다, 숙고하다
⑦ craft 정교하게[공들여]만들다, (수)공예
⑧ narrative 이야기, 묘사

⑨ perception 인식, 지각
⑩ illustrate 보여주다, 실증하다
⑪ adage 속담, 격언
⑫ dire 심각한, 끔찍한
⑬ exaggerate 과장하다
⑭ grasp 이해하다, 파악하다, 잡다
⑮ re-enact 재연[재현]하다

④ 지문 해석 확인하기

생각을 할 때, 당신은 본질적으로 실제 사건 자체를 경험하는 것이 아니라 사건의 정신적 표상을 떠올리기 위해 당신의 상상력을 동원하는 것이다. 예를 들어, 집으로 운전하면서 축구 경기를 회상하고 있다면, 당신이 하는 일은 마음 속에서 그 경기를 재구성하는 것이다. 경기의 현실은 지나갔고 이제는 오로지 기억으로만 존재한다. 한때는 실제로 발생한 일이었지만, 지금은 그렇지 않다. 비슷한 맥락에서, 당신의 결혼 상태에 대해 깊이 생각할 때도 그것을 내면적으로 처리하고 있는 것이다. 그것은 완전히 당신의 상상의 산물이다. 실제로 당신은 관계에 대한 이야기를 정교하게 만들어 내는 것이다. 당신이 관계에 대해 가지고 있는 인식은 그저 인식일 뿐이다. 이것은 "상황이 보이는 것만큼 나쁘지 않다"는 속담 뒤에 숨겨진 진실을 보여준다. 상황이 "매우 심각해 보이는" 이유는 마음이 과거의 경험을 생생하게 재연하고 미래의 상황을 시뮬레이션하는 마음의 능력에 있으며, 실제로는 그렇지 않을 때도 실시간으로 전개되는 것처럼 느끼게 한다. 게다가 마음은 어떤 상황이든 현실보다 극적으로 보이게끔 과장하는 것에 능숙하다.

Unit 02 | 2025년 출제 기조 전환 연습 문제 ❼

① 문제 풀어보기

07 다음 글의 주제로 가장 적절한 것은?   ⏰ 제한시간 1분 30초 ~ 2분

Today's school systems are experiencing some concerning changes. Funding is often tied to scores on standardized tests, which mainly assess rote memory. As a result, teaching becomes focused on improving the scores of lower-performing students. This pressure limits the time available for individualized learning that helps all students reach their full potential, and teachers have fewer opportunities to foster creative thinking and incorporate hands-on activities. When education lacks exploration, discovery, problem-solving, and creative thinking, students do not fully engage in their own learning. Because teachers must prioritize uninspiring workbooks and drills, more students are developing negative feelings towards subjects like mathematics, science, history, grammar, and writing. Authentic learning and knowledge retention are being replaced by instruction that prepares students for tests.

① Ways of helping students to stay focused during a test

② Approaches of teaching to help develop students' creativity

③ Dangers of associating students' test scores with their personality

④ Problems of focusing on preparing students for standardized tests

② 문제 풀이 전략 학습하기

'주제' 문제 풀이 전략

STEP ① 선택지 확인 → 어휘 확인하고 내용 예측하기

① Ways of helping **students** to stay focused during a **test**

② Approaches of teaching to help develop **students'** creativity

③ Dangers of associating **students' test** scores with their personality

④ Problems of focusing on preparing **students** for standardized **tests**

✎ 공통 어휘가 없는 경우에는 바로 지문으로 들어가서 글에서 반복되는 어휘를 확인하기
　선택지에 반의어 관계의 어휘가 나오면 두 개 선택지 중 하나가 답이 되는 경우가 많으므로 주의하기

STEP ② 지문 확인 → 단서(주제를 나타내는 문장) 찾기

STEP ③ 단서 확인 후 선택지 분석하기 → 오답 소거 후 정답 도출

단서	⚔ Today's school systems are experiencing some **concerning** changes. Funding is often tied to scores on standardized tests, which mainly assess rote memory. 오늘날의 학교 시스템은 약간의 우려스러운 변화를 겪고 있다. 재정 지원은 종종 주로 기계식 암기를 평가하는 표준화된 시험의 점수와 연결된다. ⚔ **As a result**, teaching becomes focused on improving the scores of lower-performing students. 그 결과, 교육은 성적이 낮은 학생들의 점수를 향상시키는 데 집중하게 된다
선택지 분석	① Ways of helping ~~students to stay focused~~ during a test 학생들이 시험 동안 집중할 수 있도록 돕는 방법 ② Approaches of teaching to help develop ~~students' creativity~~ 학생들의 창의성을 발전시키는 데 도움을 주는 교육 방법들 ③ Dangers of associating students' test scores with their ~~personality~~ 학생들의 시험 성적과 그들의 성격을 연관짓는 위험성 ④ Problems of focusing on preparing students for standardized tests 표준화된 시험을 위해 학생들을 준비시키는 것에 집중하는 문제

정답 ④

난이도 ▮▮▮▯

③ 중요 표현 복습하기

어휘 복습 TEST

① concern _____

② funding _____

③ be tied to _____

④ rote memory _____

⑤ incorporate _____

⑥ hands-on _____

⑦ exploration _____

⑧ uninspiring _____

⑨ drill _____

⑩ authentic _____

⑪ retention _____

⑫ replace _____

어휘 복습 ANSWER

① concern ~을 우려[염려]하게 만들다

② funding 자금 제공[재정 지원], 자금

③ be tied to 관련 있다, ~에 엮이다, ~에 얽매이다

④ rote memory 기계적 암기

⑤ incorporate 포함하다, 설립하다

⑥ hands-on 직접 해 보는[실천하는]

⑦ exploration 탐구, 분석, 탐사

⑧ uninspiring 흥미롭지 못한, 시시한

⑨ drill 반복 연습, 드릴, 반복 연습[훈련]시키다

⑩ authentic 진정한, 진짜의

⑪ retention 유지, 보유, 기억

⑫ replace 대체하다, 대신하다

④ 지문 해석 확인하기

오늘날의 학교 시스템은 약간의 우려스러운 변화를 겪고 있다. 재정 지원은 종종 주로 기계적 암기를 평가하는 표준화된 시험의 점수와 연결된다. 그 결과, 교육은 성적이 낮은 학생들의 점수를 향상시키는 데 집중하게 된다. 이러한 압박은 모든 학생들이 그들의 잠재력을 최대한 발휘할 수 있도록 돕는 개별화된 학습에 할애할 수 있는 시간을 제한하며, 교사들은 창의적인 사고를 함양하고 직접 해 보는 활동을 통합할 수 있는 기회가 더 적다. 교육이 탐구, 발견, 문제 해결 및 창의적인 사고가 부족할 때, 학생들은 자신들의 학습에 완전히 참여하지 않는다. 교사들은 흥미롭지 않은 문제집과 반복 훈련에 우선순위를 두어야 하기 때문에, 더 많은 학생들이 수학, 과학, 역사, 문법 및 작문과 같은 과목에 대해 부정적인 감정을 갖게 된다. 진정한 학습과 지식의 유지가 학생들이 시험을 준비하는 수업으로 대체되고 있다.

Unit 02 | 2025년 출제 기조 전환 연습 문제 ❽

1 문제 풀어보기

08 다음 글의 요지로 가장 적절한 것은?

⏰ 제한시간 1분 30초 ~ 2분

Merely supporting values doesn't suffice in cultivating and sustaining a culture. Sporadically living out these values fails to effectively contribute to the culture's genesis and its preservation. Transforming values into actionable behaviors represents only a fragment of the endeavor. While it's undoubtedly a move towards the right trajectory, it's imperative that these behaviors are not only adopted but also extensively disseminated throughout the organization, accompanied by a precise and succinct explanation of the expected standards. Verbal discussions alone fall short. There's a pivotal need for a tangible depiction of the exact behaviors that both leaders and management should exemplify and promote among their teams. Analogous to how a sports team operates with a playbook outlining specific strategies for optimal performance and victory, your organization should possess a strategic playbook. This playbook should detail essential adjustments required to actualize your culture and transform your core values into exemplary, triumphant behaviors.

① For organizational culture innovation, core values to be shared by all members must be established.

② To change the behavior of members of an organization, leaders must have clear values.

③ Continuous communication between members is essential to realize the core values of the organization.

④ The formation of an organization's culture requires explicit guidelines for sharing actions that reflect values.

② 문제 풀이 전략 학습하기

'요지' 문제 풀이 전략

STEP ① 선택지 확인 → 어휘 확인하고 내용 예측하기

① For organizational culture innovation, core **values** to be shared by all members must be established.

② To change the behavior of members of an organization, leaders must have clear **values**.

③ Continuous communication between members is essential to realize the core **values** of the organization.

④ The formation of an organization's culture requires explicit guidelines for sharing actions that reflect **values**.

✎ 공통 어휘가 없는 경우에는 바로 지문으로 들어가서 글에서 반복되는 어휘를 확인하기
선택지에 반의어 관계의 어휘가 나오면 두 개 선택지 중 하나가 답이 되는 경우가 많으므로 주의하기

STEP ② 지문 확인 → 단서(요지를 나타내는 문장) 찾기

STEP ③ 단서 확인 후 선택지 분석하기 → 오답 소거 후 정답 도출

단서	✪ **It's imperative that** these behaviors are not only adopted but also extensively disseminated throughout the organization, accompanied by a precise and succinct explanation of the expected standards. 이러한 행동들이 채택될 뿐만 아니라 조직 전체에 광범위하게 퍼지고, 예상되는 기준에 대한 명확하고 간결한 설명이 수반되는 것은 필수적이다. ✪ This playbook **should** detail essential adjustments required to actualize your culture and transform your core values into exemplary, triumphant behaviors. 이 플레이 북은 문화를 실현하고 핵심 가치를 모범적이고 성공적인 행동으로 전환하는 데 필요한 필수적인 조정을 상세히 알려야 한다.
선택지 분석	① For organizational culture innovation, core values to be shared by all members ~~must be established~~. 조직문화 혁신을 위해서는 구성원 모두가 공유해야 할 핵심가치가 정립되어야 한다. ② To change the behavior of members of an organization, ~~leaders~~ must have clear values. 조직 구성원의 행동을 변화시키기 위해서는 리더가 명확한 가치관을 가져야 한다. ③ ~~Continuous communication~~ between members is essential to realize the core values of the organization. 조직의 핵심가치를 실현하기 위해서는 구성원 간의 지속적인 소통이 필수적이다. ④ The formation of an organization's culture requires explicit guidelines for sharing actions that reflect values. 조직의 문화 형성을 위해서는 가치관을 반영한 행동 공유에 대한 명시적인 지침이 필요하다.

정답 ④

난이도 ▮▮▮▮

③ 중요 표현 복습하기

어휘 복습 TEST

1 suffice _____

2 sustain _____

3 sporadically _____

4 live out _____

5 genesis _____

6 fragment _____

7 trajectory _____

8 disseminate _____

9 succinct _____

10 fall short _____

11 pivotal _____

12 exemplify _____

13 analogous _____

14 adjustment _____

15 actualize _____

16 triumphant _____

어휘 복습 ANSWER

1 suffice 충분하다, ~을 만족시키다

2 sustain 지속시키다, 떠받치다

3 sporadically 산발적으로

4 live out 실행하다

5 genesis 발생, 기원

6 fragment 단편, 파편, 조각

7 trajectory 궤적, 궤도

8 disseminate 퍼뜨리다, 전파하다

9 succinct 간결한

10 fall short 부족하다, 미흡하다

11 pivotal 중추의, 중추적인, 중요한

12 exemplify 전형적인 예가 되다

13 analogous 유사한, 비슷한

14 adjustment 조정, 수정, 적응

15 actualize 실현하다, 현실로 만들다

16 triumphant 성공한, 득의양양한

④ 지문 해석 확인하기

단지 가치를 지지하는 것만으로는 문화를 함양하고 지속시키는 데 충분하지 않다. 이러한 가치를 산발적으로 실행하는 것은 문화의 발생과 보존에 효과적으로 기여하지 못한다. 가치를 실행 가능한 행동으로 전환하는 것은 노력의 조각에 불과하다. 이것은 분명히 올바른 궤도로 나아가는 것이지만, 이러한 행동들이 채택될 뿐만 아니라 조직 전체에 광범위하게 퍼지고, 예상되는 기준에 대한 명확하고 간결한 설명이 수반되어야 한다. 구두 논의만으로는 부족하다. 리더와 경영진 모두가 자신의 팀에 전형적인 예가 되고 촉진해야 할 정확한 행동을 실질적으로 묘사해야 할 중추적인 필요성이 있다. 스포츠 팀이 최적의 성과와 승리를 위해 구체적인 전략을 설명하는 플레이 북을 가지고 운영하는 것과 마찬가지로 조직은 전략적 플레이 북을 보유해야 한다. 이 플레이 북은 문화를 실현하고 핵심 가치를 모범적이고 성공적인 행동으로 전환하는 데 필요한 필수적인 조정을 상세히 알려야 한다.

Unit 02 2025년 출제 기조 전환 연습 문제 ❾

① 문제 풀어보기

09 다음 글의 주제로 가장 적절한 것은?   ⏱ 제한시간 1분 30초 ~ 2분

Managers must remember the importance of reconciling after any disagreement. It's crucial to differentiate between opponents and enemies. An opponent simply holds a different view on a specific issue, whereas an enemy implies a deeper, personal conflict. Collaboration and strategic planning towards common goals are feasible with opponents, but dealing with enemies can be significantly more challenging and potentially hazardous. The objective should be to prevent opponents from becoming enemies and to endeavor to transform enemies back into opponents. Seek out areas of common ground and explore legitimate ways to support those who were previously in opposition. The focal point of the disagreement will eventually diminish in importance, but maintaining relationships remains critical.

① Arguments as an opportunity to understand the other person
② Various collaboration strategies to coexist with enemies
③ The promotion of positive relationships with people with different opinions
④ The importance to distinguish between simple opponents and true enemies

② 문제 풀이 전략 학습하기

'주제' 문제 풀이 전략

STEP ① 선택지 확인 → 어휘 확인하고 내용 예측하기

① Arguments as an opportunity to understand **the other person**

② Various collaboration strategies to coexist with **enemies**

③ The promotion of positive relationships with **people with different opinions**

④ The importance to distinguish between simple **opponents** and true **enemies**

✎ 공통 어휘가 없는 경우에는 바로 지문으로 들어가서 글에서 반복되는 어휘를 확인하기

선택지에 반의어 관계의 어휘가 나오면 두 개 선택지 중 하나가 답이 되는 경우가 많으므로 주의하기

STEP ② 지문 확인 → 단서(주제를 나타내는 문장) 찾기

STEP ③ 단서 확인 후 선택지 분석하기 → 오답 소거 후 정답 도출

단서	✗ The objective **should be** to prevent opponents from becoming enemies and to endeavor to transform enemies back into opponents. 목표는 상대가 적이 되는 것을 막고 적을 다시 상대로 바꾸려는 노력을 하는 것이어야 한다. ✗ The focal point of the disagreement will eventually diminish in importance, **but** maintaining relationships remains critical. 의견 충돌의 초점은 결국 중요성이 줄어들지만, 관계를 유지하는 것은 여전히 중요하다.
선택지 분석	① ~~Arguments~~ as an opportunity to understand the other person 다른 사람을 이해할 기회로서의 논쟁 ② ~~Various collaboration~~ strategies to coexist with enemies 적과 공존하기 위한 다양한 협력 전략 ③ The promotion of positive relationships with people with different opinions 다른 의견을 가진 사람들과 긍정적인 관계 촉진 ④ The importance to ~~distinguish~~ between simple opponents and true enemies 단순한 반대자와 진정한 적을 구분하는 것의 중요성

정답 ③

난이도 ▮▯▯

③ 중요 표현 복습하기

어휘 복습 TEST

① reconcile _____

② disagreement _____

③ differentiate _____

④ opponent _____

⑤ conflict _____

⑥ feasible _____

⑦ hazardous _____

⑧ objective _____

⑨ transform _____

⑩ common ground _____

⑪ legitimate _____

⑫ seek out _____

⑬ focal _____

⑭ diminish _____

어휘 복습 ANSWER

① reconcile 화해[조화]시키다, 조정[중재]하다

② disagreement 의견 충돌, 다툼

③ differentiate 구별하다, 식별하다

④ opponent 상대, 반대자

⑤ conflict 갈등, 충돌

⑥ feasible 실행 가능한, 가능한

⑦ hazardous 위험한

⑧ objective 목표, 객관적인

⑨ transform 변형시키다, 바꾸다

⑩ common ground 공통되는 기반, 공통점

⑪ legitimate 합법적인, 정당한, 합법[정당]화하다

⑫ seek out ~을 찾아내다

⑬ focal 중심의, 초점의

⑭ diminish 줄어들다, 약해지다

④ 지문 해석 확인하기

경영자들은 어떤 의견 충돌이 발생한 후에도 화해하는 것의 중요성을 기억해야 한다. 상대와 적을 구분하는 것은 중요하다. 상대는 특정 문제에 대해 다른 견해를 가지고 있는 반면, 적은 더 깊고 개인적인 갈등을 의미한다. 공동의 목표를 향한 협력과 전략적 계획이 실현 가능하지만, 적을 상대하는 것은 훨씬 더 어렵고 위험할 수 있다. 목표는 상대가 적이 되는 것을 막고 적을 다시 상대로 바꾸려는 노력을 하는 것이어야 한다. 공통점의 영역을 찾고 이전에 반대했던 사람들을 지원할 수 있는 적절한 방법을 모색한다. 의견 충돌의 초점은 결국 중요성이 줄어들지만, 관계를 유지하는 것은 여전히 중요하다.

Unit 02 | 2025년 출제 기조 전환 연습 문제 ⑩

1 문제 풀어보기

10 다음 글의 요지로 가장 적절한 것은?　　　　　⏰ 제한시간 1분 30초 ~ 2분

> Individuals whose work consistently meets high standards need occasional verbal recognition. It's essential to let them know you've observed their goal attainment. Acknowledgment and appreciation foster a supportive work environment and sustain motivation. Ensure your appreciation is specific and positive by highlighting what was done well and why it is significant. This not only boosts morale but also encourages the repetition of the praised behavior. Instead of simply saying, "That was great!" elaborate with, "That was great because ⋯." Both teams and individuals require detailed, positive feedback regarding their achievements. Be creative in your expressions of appreciation: display graphs showing team accomplishments, celebrate major milestones or goals with group lunches or festive decorations, and send personalized thank-you notes. Ignoring success can lead people to believe their efforts are unimportant, causing them to lose motivation.

① Various opportunities should be provided for all employees to unite.

② Rather than competition, cooperation should encourage performance to be improved.

③ Good performance should be recognized in a positive and specific way.

④ A fair compensation system should be in place that all members can agree on.

② 문제 풀이 전략 학습하기

'요지' 문제 풀이 전략

STEP ① 선택지 확인 → 어휘 확인하고 내용 예측하기

① **Various opportunities** should be provided for all employees to unite.
② Rather than competition, **cooperation** should encourage performance to be improved.
③ **Good performance** should be recognized in a positive and specific way.
④ **A fair compensation system** should be in place that all members can agree on.

✏️ 공통 어휘가 없는 경우에는 바로 지문으로 들어가서 글에서 반복되는 어휘를 확인하기
   선택지에 반의어 관계의 어휘가 나오면 두 개 선택지 중 하나가 답이 되는 경우가 많으므로 주의하기

STEP ② 지문 확인 → 단서(요지를 나타내는 문장) 찾기

STEP ③ 단서 확인 후 선택지 분석하기 → 오답 소거 후 정답 도출

단서	✮ **It's essential** to let them know you've observed their goal attainment. 그들이 목표 달성했다는 사실을 그들에게 알리는 것은 중요하다. ✮ **Ensure** your appreciation is specific and positive by highlighting what was done well and why it is significant. 무엇이 잘 이루어졌는지, 왜 그것이 중요한지를 강조함으로써 감사가 구체적이고 긍정적인지를 확실히 하라. ✮ Both teams and individuals **require** detailed, positive feedback regarding their achievements. 팀과 개인 모두 그들의 성과에 대한 구체적이고 긍정적인 피드백이 필요하다. ✮ Ignoring success can lead people to believe their efforts are unimportant, causing them to lose motivation. 성공을 무시하면 사람들이 자신의 노력이 중요하지 않다고 믿게 되어 동기를 잃게 될 수 있다.
선택지 분석	① ~~Various opportunities~~ should be provided ~~for all employees to unite~~. 전 직원이 단합할 수 있는 다양한 기회가 제공되어야 한다. ② Rather than ~~competition~~, ~~cooperation~~ should encourage performance to be improved. 경쟁보다는 협력이 성과 향상을 장려해야 한다. ③ Good performance should be recognized in a positive and specific way. 좋은 성과는 긍정적이고 구체적인 방법으로 인식되어야 한다. ④ ~~A fair compensation system~~ should be in place that all members can agree on. 구성원 모두가 합의할 수 있는 공정한 보상 체계가 마련되어야 한다.

정답 ③

난이도 **▯▯▯**

③ 중요 표현 복습하기

어휘 복습 TEST

❶ standard _____

❷ occasional _____

❸ appreciation _____

❹ verbal _____

❺ foster _____

❻ recognition _____

❼ attainment _____

❽ acknowledgment _____

❾ highlight _____

❿ boost _____

⓫ morale _____

⓬ milestone _____

⓭ festive _____

어휘 복습 ANSWER

❶ standard   기준, 표준, 표준의, 보통의

❷ occasional   가끔의, 때때로의

❸ appreciation   감사, 감상, 평가

❹ verbal   언어의, 말의

❺ foster   조성하다, 촉진하다, 육성하다

❻ recognition   인정, 승인, 인식

❼ attainment   성과, 성취, 달성

❽ acknowledgment   인정, 승인, 감사

❾ highlight   강조하다, 하이라이트, 가장 흥미[인기] 있는 부분

❿ boost   북돋우다, (밀어) 올리다

⓫ morale   사기, 의욕

⓬ milestone   중요한 단계[사건]

⓭ festive   축제의, 기념일의, 축하하는

④ 지문 해석 확인하기

지속적으로 높은 기준을 충족하는 작업을 수행하는 사람들은 때때로 언어적인 인정이 필요하다. 그들이 목표 달성했다는 사실을 그들에게 알리는 것은 중요하다. 인정과 감사는 지지적인 업무 환경을 조성하고 동기를 지속시킨다. 무엇이 잘 이루어졌는지, 왜 그것이 중요한지를 강조함으로써 감사가 구체적이고 긍정적인지를 확실히 하라. 이것은 사기를 북돋을 뿐만 아니라 칭찬받은 행동의 반복을 부추긴다. "그것은 훌륭했다!"라고 단순히 말하는 것 대신, "그것은 왜 훌륭했는지…"를 자세히 설명해야 한다. 팀과 개인 모두 그들의 성과에 대한 구체적이고 긍정적인 피드백이 필요하다. 감사의 표현을 창의적으로 만들어라. 팀 업적을 보여주는 그래프를 보여주고, 주요 중요한 단계나 목표 달성을 기념하는 그룹 점심식사 또는 축제 장식으로 축하하고, 개인화된 감사 노트를 보내라. 성공을 무시하면 사람들이 자신의 노력이 중요하지 않다고 믿게 되어 동기를 잃게 될 수 있다.

진가영 영어
신경향 독해 마스터 시즌 2

진가영 영어연구소 | cafe.naver.com/easyenglish7

단일형 문항 ②
문장 제거

단일형 문항 ❷ 문장 제거

Unit 01 2025년 출제 기조 전환 예시 문제

1 문제 풀어보기

01 다음 글의 흐름상 어색한 문장은?

⏰ 제한시간 1분 ~ 1분 30초

2025년 출제 기조 전환 예시 문제 16번

Every parent or guardian of small children will have experienced the desperate urge to get out of the house and the magical restorative effect of even a short trip to the local park. ① There is probably more going on here than just letting off steam. ② The benefits for kids of getting into nature are huge, ranging from better academic performance to improved mood and focus. ③ Outdoor activities make it difficult for them to spend quality time with their family. ④ Childhood experiences of nature can also boost environmentalism in adulthood. Having access to urban green spaces can play a role in children's social networks and friendships.

② 문제 풀이 전략 학습하기

'문장 제거' 문제 풀이 전략

STEP ① 글 초반에 언급되는 주제 확인하기

✐ 주로 글 초반에 제시되는 주제문을 찾고 그 뒤에 이어질 글의 내용을 예상하며 읽기

STEP ② 문장과 문장의 연결 확인하기

✐ ①번, ②번, ③번 그리고 ④번 문장의 내용이 글의 전체 주제와 부합한지 확인하며 앞 뒤 문장과도 흐름이 잘 이어지는지 확인하기

STEP ③ 지문 검토하기

✐ 글의 흐름상 어색한 문장을 제외하고 문장과 문장이 잘 연결되는지 확인하기

글 초반	Every parent or guardian of small children will have experienced the desperate urge to **get out of the house** and **the magical restorative effect** of even **a short trip to the local park**. 어린 아이들의 모든 부모나 보호자는 집에서 나가고 싶은 필사적인 충동과 심지어 지역 공원으로의 짧은 여행의 마법 같은 회복 효과를 경험했을 것이다.
①	There is probably more going on **here** than just **letting off steam**. 여기서 아마도 단지 기분을 푸는 것 이상의 일이 일어나고 있을 것이다.
②	The benefits for kids of getting into nature are huge, ranging from better academic performance to improved mood and focus. 더 나은 학업 성취로부터 향상된 기분과 집중에 이르기까지, 아이들에게 자연에 들어가는 것의 이점들은 엄청나다.
③	**Outdoor activities make it difficult for them to spend quality time** with their family. 야외 활동들은 그들이 그들의 가족과 양질의 시간을 보내는 것을 어렵게 만든다.
④	Childhood experiences of **nature can also boost environmentalism** in adulthood. 자연에 대한 어린 시절의 경험들은 성인기에 환경 보호주의를 신장시킬 수도 있다.
글 후반	Having access to **urban green spaces** can play a role in children's **social networks and friendships**. 도시의 녹지 공간에 접근하는 것은 아이들의 사회적 관계망과 우정에 역할을 할 수 있다.

정답 ③

난이도 ▯▮▮▮

③ 중요 표현 복습하기

어휘 복습 TEST

1. guardian _____

2. desperate _____

3. urge _____

4. get out of _____

5. restorative _____

6. going on _____

7. let off steam _____

8. get into _____

9. boost _____

10. environmentalism _____

11. green space _____

12. play a role in _____

어휘 복습 ANSWER

1. guardian   보호자, 후견인

2. desperate   필사적인, 절망적인

3. urge   충동, 욕구, 충고하다, 권고하다

4. get out of   ~에서 나오다, 도망치다

5. restorative   회복하는, 복원하는

6. going on   (일이) 일어나고 있는

7. let off steam 기분을 풀다, 울분[열기 등]을 발산하다

8. get into   ~에 들어가다, ~에 도착하다

9. boost   신장키시다, 북돋우다

10. environmentalism 환경 보호주의, 환경 결정론

11. green space   녹지 공간

12. play a role in ~에서 역할을 하다

④ 지문 해석 확인하기

어린 아이들의 모든 부모나 보호자는 집에서 나가고 싶은 필사적인 충동과 심지어 지역 공원으로의 짧은 여행의 마법 같은 회복 효과를 경험했을 것이다. 여기서 아마도 단지 기분을 푸는 것 이상의 일이 일어나고 있을 것이다. 더 나은 학업 성취로부터 향상된 기분과 집중에 이르기까지, 아이들에게 자연에 들어가는 것의 이점들은 엄청나다. (야외 활동들은 그들이 그들의 가족과 양질의 시간을 보내는 것을 어렵게 만든다). 자연에 대한 어린 시절의 경험들은 성인기에 환경 보호주의를 신장시킬 수도 있다. 도시의 녹지 공간에 접근하는 것은 아이들의 사회적 관계망과 우정에 역할을 할 수 있다.

Unit 02 | 2025년 출제 기조 전환 연습 문제 ❶

1 문제 풀어보기

01 다음 글의 흐름상 어색한 문장은?
⏱ 제한시간 1분 ~ 1분 30초

Since their inception, information systems have significantly transformed the way business is conducted. ① This transformation is especially evident in the cooperative relationships between firms that involve the integration of value chains across multiple entities. ② These resulting networks encompass not only the business units of a single firm but often include multiple units from different firms. ③ Consequently, firms must consider not only their internal organization to ensure sustainable business performance but also the entire ecosystem of interconnected units. ④ Many major companies are fundamentally changing their business models by focusing on profitable units and cutting off less profitable ones. For these diverse units to collaborate effectively, the existence of a common platform is essential.

② 문제 풀이 전략 학습하기

'문장 제거' 문제 풀이 전략

STEP ① 글 초반에 언급되는 주제 확인하기

✏️ 주로 글 초반에 제시되는 주제문을 찾고 그 뒤에 이어질 글의 내용을 예상하며 읽기

STEP ② 문장과 문장의 연결 확인하기

✏️ ①번, ②번, ③번 그리고 ④번 문장의 내용이 글의 전체 주제와 부합한지 확인하며 앞 뒤 문장과도 흐름이 잘 이어지는지 확인하기

STEP ③ 지문 검토하기

✏️ 글의 흐름상 어색한 문장을 제외하고 문장과 문장이 잘 연결되는지 확인하기

글 초반	Since their inception, information systems have significantly transformed the way business is conducted. 정보 시스템이 시작된 이후로 사업이 수행되는 방식을 크게 변화시켰다.
①	This transformation is especially evident in the **cooperative** relationships between firms that involve the **integration** of value chains across **multiple entities**. 이 변화는 여러 독립체에 걸친 가치 사슬의 통합을 포함하는 기업 간의 협력 관계에서 특히 분명해진다.
②	These resulting networks **encompass** not only the **business units** of a single firm but often **include multiple units** from different firms. 이러한 결과로 형성된 네트워크는 한 기업의 사업 부서뿐만 아니라 종종 다른 회사의 여러 부서를 포함한다.
③	Consequently, firms must consider not only their internal organization to ensure sustainable business performance but also the entire ecosystem of **interconnected units**. 결과적으로 기업은 지속 가능한 사업 성과를 보장하기 위해 내부 조직뿐만 아니라 상호 연결된 부서의 생태계 전체를 고려해야 한다.
④	Many major companies are fundamentally changing their business models by **focusing on** profitable **units** and **cutting off** less profitable **ones**. 많은 주요 기업들은 수익성이 높은 부서에 집중하고 수익성이 낮은 부서를 정리함으로써 사업 모델을 근본적으로 변화시키고 있다.
글 후반	For these diverse units to **collaborate** effectively, the existence of a common platform is essential. 이러한 다양한 부서가 효과적으로 협업하기 위해서는 공통 플랫폼의 존재가 필수적이다.

정답 ④

난이도 🔋🔋🔋

③ 중요 표현 복습하기

어휘 복습 TEST

① inception ＿＿＿＿＿＿＿＿＿＿

② transform ＿＿＿＿＿＿＿＿＿＿

③ evident ＿＿＿＿＿＿＿＿＿＿

④ firm ＿＿＿＿＿＿＿＿＿＿

⑤ integration ＿＿＿＿＿＿＿＿＿＿

⑥ entity ＿＿＿＿＿＿＿＿＿＿

⑦ encompass ＿＿＿＿＿＿＿＿＿＿

⑧ consequently ＿＿＿＿＿＿＿＿＿＿

⑨ interconnected ＿＿＿＿＿＿＿＿＿＿

⑩ fundamentally ＿＿＿＿＿＿＿＿＿＿

⑪ unit ＿＿＿＿＿＿＿＿＿＿

⑫ cut off ＿＿＿＿＿＿＿＿＿＿

어휘 복습 ANSWER

① inception — 시작, 개시

② transform — 변하게 하다, 바꾸다

③ evident — 분명한, 눈에 띄는

⑤ firm — 기업, 회사, 딱딱한, 확고한, 단단하게 하다

⑤ integration — 통합

⑥ entity — 기업, 단체, 독립체

⑦ encompass — 포함하다, 에워싸다

⑧ consequently — 그 결과, 따라서

⑨ interconnected — 상호 연결된

⑩ fundamentally — 근본적으로, 본질적으로, 완전히

⑪ unit — 구성, 단위, 부서, 부대

⑫ cut off — 정리하다, 차단하다

④ 지문 해석 확인하기

정보 시스템이 시작된 이후로 사업이 수행되는 방식을 크게 변화시켰다. 이 변화는 여러 독립체에 걸친 가치 사슬의 통합을 포함하는 기업 간의 협력 관계에서 특히 분명해진다. 이러한 결과로 형성된 네트워크는 한 기업의 사업 부서뿐만 아니라 종종 다른 회사의 여러 부서를 포함한다. 결과적으로 기업은 지속 가능한 사업 성과를 보장하기 위해 내부 조직뿐만 아니라 상호 연결된 부서의 생태계 전체를 고려해야 한다. (많은 주요 기업들은 수익성이 높은 부서에 집중하고 수익성이 낮은 부서를 정리함으로써 사업 모델을 근본적으로 변화시키고 있다.) 이러한 다양한 부서가 효과적으로 협업하기 위해서는 공통 플랫폼의 존재가 필수적이다.

Unit 02 | 2025년 출제 기조 전환 연습 문제 ❷

1 문제 풀어보기

02 다음 글의 흐름상 어색한 문장은?　　🕐 제한시간 1분 ~ 1분 30초

According to a misguided belief in the overall environment, living in the countryside or in a tree-laden suburb is considered the greenest way of life, but it turns out that urban life is actually not as harmful to the environment as it is commonly thought. ① <u>Living in the country or suburbs often means spending long hours in the car each week, burning fuel and releasing exhaust to get to work, buy groceries, and take kids to school and activities.</u> ② <u>City dwellers, on the other hand, can walk or take public transit to work, shops, and school.</u> ③ <u>Larger yards and houses outside cities also use more energy, water, and land.</u> ④ <u>This illustrates the tendency that most city dwellers get tired of urban lives and decide to settle in the countryside.</u> It's clear that the future of the Earth depends on more people living in compact communities.

② 문제 풀이 전략 학습하기

'문장 제거' 문제 풀이 전략

STEP ① 글 초반에 언급되는 주제 확인하기

✎ 주로 글 초반에 제시되는 주제문을 찾고 그 뒤에 이어질 글의 내용을 예상하며 읽기

STEP ② 문장과 문장의 연결 확인하기

✎ ①번, ②번, ③번 그리고 ④번 문장의 내용이 글의 전체 주제와 부합한지 확인하며 앞 뒤 문장과도 흐름이 잘 이어지는지 확인하기

STEP ③ 지문 검토하기

✎ 글의 흐름상 어색한 문장을 제외하고 문장과 문장이 잘 연결되는지 확인하기

글 초반	According to a misguided belief in the overall environment, living in the countryside or in a tree-laden suburb is considered the greenest way of life, but it turns out that **urban life is actually not as harmful to the environment** as it is commonly thought. 전반적인 환경에 대한 잘못된 믿음에 따르면, 시골 지역이나 나무가 가득한 교외에서 생활하는 것이 가장 친환경적인 생활 방식으로 여겨지지만, 실제로 도시 생활이 일반적으로 생각하는 것만큼 환경에 해롭지 않은 것으로 밝혀졌다.
①	**Living in the country or suburbs** often means **spending long hours in the car** each week, **burning fuel** and **releasing exhaust** to get to work, buy groceries, and take kids to school and activities. 시골이나 교외에 생활하는 것은 주로 매주 차 안에서 긴 시간을 보내고, 연료를 태우고 배기가스를 배출하여 직장에 가고, 식료품을 사고, 아이들을 학교와 활동에 데려다 주는 것을 의미한다.
②	**City dwellers**, on the other hand, **can walk or take public transit** to work, shops, and school. 반면에, 도시 거주자들은 직장, 상점, 학교로 걸어가거나 대중교통을 이용할 수 있다.
③	**Larger yards and houses outside cities** also **use more energy, water, and land**. 도시 외의 큰 마당과 집은 더 많은 에너지, 물 그리고 토지를 사용한다.
④	This illustrates the tendency that most **city dwellers get tired of urban lives** and decide to settle in the countryside. 이는 대부분의 도시 거주자들이 도시 생활에 지쳐 시골에 정착하기로 결정하는 경향을 보여준다.
글 후반	It's clear that the future of the Earth depends on more people living in compact communities. 지구의 미래는 밀집한 지역 사회에 사는 더 많은 사람이 생활하는 것에 달려 있다는 것은 분명하다.

정답 ④

난이도 ▮▮▯▯

③ 중요 표현 복습하기

어휘 복습 TEST

❶ misguided _____

❷ overall _____

❸ countryside _____

❹ laden _____

❺ suburb _____

❻ greenest _____

❼ turn out _____

❽ release _____

❾ exhaust _____

❿ grocery _____

⓫ dweller _____

⓬ public transit _____

⓭ tendency _____

⓮ compact _____

어휘 복습 ANSWER

❶ misguided   잘못된

❷ overall   전반적인, 전체의, 전부, 대체로

❸ countryside   시골 지역

❹ laden   가득한

❺ suburb   교외(도심지를 벗어난 주택 지역)

❻ greenest   친환경적인, 녹색의 (green의 최상급)

❼ turn out   밝혀지다, 드러나다, 나타나다

❽ release   배출하다, 풀어 주다, 석방하다, 발표, 유출, 석방

❾ exhaust   배기가스, 다 써 버리다, 고갈시키다

❿ grocery   식료품 및 잡화

⓫ dweller   거주자

⓬ public transit   대중교통

⓭ tendency   성향, 경향

⓮ compact   밀집한, 조밀한, 소형의, 간결한

④ 지문 해석 확인하기

전반적인 환경에 대한 잘못된 믿음에 따르면, 시골 지역이나 나무가 가득한 교외에서 생활하는 것이 가장 친환경적인 생활 방식으로 여겨지지만, 실제로 도시 생활이 일반적으로 생각하는 것만큼 환경에 해롭지 않은 것으로 밝혀졌다. 시골이나 교외에 생활하는 것은 주로 매주 차 안에서 긴 시간을 보내고, 연료를 태우고 배기가스를 배출하여 직장에 가고, 식료품을 사고, 아이들을 학교와 활동에 데려다 주는 것을 의미한다. 반면에, 도시 거주자들은 직장, 상점, 학교로 걸어가거나 대중교통을 이용할 수 있다. 도시 외의 큰 마당과 집은 더 많은 에너지, 물 그리고 토지를 사용한다. (이는 대부분의 도시 거주자들이 도시 생활에 지쳐 시골에 정착하기로 결정하는 경향을 보여준다.) 지구의 미래는 밀집한 지역 사회에 사는 더 많은 사람이 생활하는 것에 달려 있다는 것은 분명하다.

Unit 02 | 2025년 출제 기조 전환 연습 문제 ❸

① 문제 풀어보기

03 다음 글의 흐름상 어색한 문장은?

⏱ 제한시간 1분 ~ 1분 30초

"I shop, therefore I am." This clever reinterpretation of René Descartes' famous philosophical assertion, "I think, therefore I am," encapsulates the essence of contemporary consumer behavior. ① In the past, people shopped primarily out of necessity. ② Today, visiting the mall has become a significant aspect of daily life, serving as a form of entertainment. ③ However, it becomes a social problem when people go shopping too often and purchase more goods than they need. ④ The modern shopping mall functions much like the town square of bygone eras, where villagers would congregate to socialize and pass the time. Even if one has no intention of making a purchase, the mall remains a destination — an integral part of the social fabric.

② 문제 풀이 전략 학습하기

'문장 제거' 문제 풀이 전략

STEP ① 글 초반에 언급되는 주제 확인하기

✎ 주로 글 초반에 제시되는 주제문을 찾고 그 뒤에 이어질 글의 내용을 예상하며 읽기

STEP ② 문장과 문장의 연결 확인하기

✎ ①번, ②번, ③번 그리고 ④번 문장의 내용이 글의 전체 주제와 부합한지 확인하며 앞 뒤 문장과도 흐름이 잘 이어지는지 확인하기

STEP ③ 지문 검토하기

✎ 글의 흐름상 어색한 문장을 제외하고 문장과 문장이 잘 연결되는지 확인하기

글 초반	"I shop, therefore I am." This clever reinterpretation of René Descartes' famous philosophical assertion, "I think, therefore I am," encapsulates the essence of **contemporary consumer behavior**. "나는 쇼핑한다, 고로 나는 존재한다." René Descartes'의 유명한 철학적 주장인 "나는 생각한다, 고로 나는 존재한다."의 이 영리한 재해석은 현대 소비자 행동의 본질을 요약한다.
①	**In the past**, people **shopped** primarily **out of necessity**. 과거에는 사람들은 주로 필요에 의해 쇼핑을 했다.
②	Today, visiting **the mall** has become a significant aspect of daily life, **serving as a form of entertainment**. 오늘날에는 쇼핑몰을 방문하는 것이 일상 생활의 중요한 부분으로 자리 잡고 여가의 한 형태로서 기능한다.
③	However, it becomes **a social problem** when people go **shopping** too often and purchase more goods than they need. 그러나, 사람들이 너무 자주 쇼핑을 가거나 필요한 것 보다 더 많은 물건을 구매하는 것은 사회적인 문제가 된다.
④	The modern **shopping mall** functions much like the town square of bygone eras, where villagers would **congregate to socialize** and pass the time. 현대 쇼핑몰은 마을 사람들이 모여서 사교하고 시간을 보내는 과거의 마을 광장과 매우 유사한 기능을 한다.
글 후반	Even if one has no intention of making a purchase, **the mall** remains a destination — **an integral part of the social fabric**. 구매할 의사가 없더라도 쇼핑몰은 사회적 구조의 필수 부분인 목적지로 남아 있다.

정답 ③

난이도 ▮▮▮▯

③ 중요 표현 복습하기

어휘 복습 TEST

1. clever _____
2. reinterpretation _____
3. philosophical _____
4. assertion _____
5. encapsulate _____
6. essence _____
7. contemporary _____

8. serve as _____
9. entertainment _____
10. square _____
11. era _____
12. congregate _____
13. socialize _____
14. fabric _____

어휘 복습 ANSWER

1. clever | 영리한, 똑똑한, 재치 있는
2. reinterpretation | 재해석
3. philosophical | 철학의, 철학에 관련된, 달관한 듯한
4. assertion | 주장, 행사
5. encapsulate | 요약하다, 압축하다
6. essence | 본질, 정수, 진수, 실재
7. contemporary | 현대의, 동시대의

8. serve as | ~(로서) 기능을 하다, ~의 역할을 하다
9. entertainment | 여가, 오락, 접대, 환대
10. square | 광장, 정사각형
11. era | 시대
12. congregate | 모이다, 소집하다
13. socialize | 사교하다, 어울리다, 사회화하다
14. fabric | 구조, 뼈대, 직물, 천

④ 지문 해석 확인하기

"나는 쇼핑한다, 고로 나는 존재한다." René Descartes'의 유명한 철학적 주장인 "나는 생각한다, 고로 나는 존재한다."의 이 영리한 재해석은 현대 소비자 행동의 본질을 요약한다. 과거에는 사람들은 주로 필요에 의해 쇼핑을 했다. 오늘날에는 쇼핑몰을 방문하는 것이 일상 생활의 중요한 부분으로 자리 잡고 여가의 한 형태로서 기능한다. (그러나, 사람들이 너무 자주 쇼핑을 가거나 필요한 것 보다 더 많은 물건을 구매하는 것은 사회적인 문제가 된다.) 현대 쇼핑몰은 마을 사람들이 모여서 사교하고 시간을 보내는 과거의 마을 광장과 매우 유사한 기능을 한다. 구매할 의사가 없더라도 쇼핑몰은 사회적 구조의 필수 부분인 목적지로 남아 있다.

Unit 02 | 2025년 출제 기조 전환 연습 문제 ❹

1 문제 풀어보기

04 다음 글의 흐름상 어색한 문장은?   ⏱ 제한시간 1분 ~ 1분 30초

One of the reasons an apology is not enough is that the perpetrators and victims have different perspectives on the case. Studies have shown that people who do harm often tend to downplay crimes in order to reduce the consequences of their actions and protect themselves from shame and guilt. ① However, these tendencies can intensify the anger of the person who was hurt. ② When sincere apologies are offered, they are readily accepted by the victims and reconciliations follow. ③ The harmed person is likely to perceive the incident as worse than it was and may view the offender's attitude as unfair or even immoral. ④ Both parties have their own perspectives, and neither is entirely accurate. Therefore, to apologize sincerely, we must first listen carefully to how the other person truly feels about what happened—not simply assert our own view of the incident.

② 문제 풀이 전략 학습하기

'문장 제거' 문제 풀이 전략

STEP ① 글 초반에 언급되는 주제 확인하기

✎ 주로 글 초반에 제시되는 주제문을 찾고 그 뒤에 이어질 글의 내용을 예상하며 읽기

STEP ② 문장과 문장의 연결 확인하기

✎ ①번, ②번, ③번 그리고 ④번 문장의 내용이 글의 전체 주제와 부합한지 확인하며 앞 뒤 문장과도 흐름이 잘 이어지는지 확인하기

STEP ③ 지문 검토하기

✎ 글의 흐름상 어색한 문장을 제외하고 문장과 문장이 잘 연결되는지 확인하기

글 초반	One of the reasons **an apology** is not enough is that the **perpetrators** and **victims have different perspectives** on the case. Studies have shown that **people who do harm** often tend to **downplay crimes** in order to reduce the consequences of their actions and protect themselves from shame and guilt. 사과가 충분하지 않은 이유 중 하나는 가해자와 피해자가 사건에 대해 서로 다른 관점을 가지고 있기 때문이다. 연구에 따르면 해를 끼치는 사람들은 종종 자신의 행동의 결과를 줄이고 수치심과 죄책감으로부터 자신을 보호하기 위해 범죄를 경시하려는 경향이 있다.
①	However, these tendencies can **intensify the anger** of **the person who was hurt**. 하지만 이러한 경향은 상처받은 사람의 분노를 더욱 강화시킬 수 있다.
②	When sincere **apologies** are offered, they **are readily accepted** by the **victims** and **reconciliations follow**. 진심 어린 사과가 제공될 때, 피해자들은 이를 쉽게 받아들이고 화해가 뒤따른다.
③	**The harmed person** is likely to perceive **the incident as worse** than it was and may view the offender's attitude as unfair or even immoral. 상처받은 사람은 사건을 자신보다 더 나쁘게 인식할 가능성이 높고, 범죄자의 태도를 부당하거나 심지어 부도덕한 것으로 볼 수도 있다.
④	**Both parties have their own perspectives**, and neither is entirely accurate. 양측 모두 자신의 관점을 가지고 있으며, 둘 다 완전히 정확하지는 않다.
글 후반	Therefore, to apologize sincerely, we must first listen carefully to how the other **person truly feels about what happened** — not simply assert our own view of the incident. 그러므로, 진심으로 사과하려면 먼저 상대방이 사건에 대한 자신의 견해를 단순히 주장하는 것이 아니라 사건에 대해 실제로 어떤 감정을 가지고 있는지 귀를 기울여야 한다.

정답 ②

난이도 🔋

③ 중요 표현 복습하기

어휘 복습 TEST

① perpetrator _____

② victim _____

③ perspective _____

④ downplay _____

⑤ consequence _____

⑥ shame _____

⑦ intensify _____

⑧ sincere _____

⑨ reconciliation _____

⑩ perceive _____

⑪ incident _____

⑫ offender _____

⑬ unfair _____

⑭ immoral _____

어휘 복습 ANSWER

① perpetrator 가해자, 범인

② victim 피해자, 희생자, 제물

③ perspective 관점, 시각, 균형감, 원근법

④ downplay 경시하다, 무시하다

⑤ consequence 결과, 영향, 중요성

⑥ shame 수치심, 부끄러움, 망신시키다

⑦ intensify 강화하다, 심해지다, 심화시키다

⑧ sincere 진심 어린, 진실된

⑨ reconciliation 화해, 조화

⑩ perceive 인식하다, 감지하다, 파악하다

⑪ incident 사건, 일

⑫ offender 범죄자

⑬ unfair 부당한, 불공평한

⑭ immoral 부도덕한, 비도덕적인

④ 지문 해석 확인하기

사과가 충분하지 않은 이유 중 하나는 가해자와 피해자가 사건에 대해 서로 다른 관점을 가지고 있기 때문이다. 연구에 따르면 해를 끼치는 사람들은 종종 자신의 행동의 결과를 줄이고 수치심과 죄책감으로부터 자신을 보호하기 위해 범죄를 경시하려는 경향이 있다. 하지만 이러한 경향은 상처받은 사람의 분노를 더욱 강화시킬 수 있다. (진심 어린 사과가 제공될 때, 피해자들은 이를 쉽게 받아들이고 화해가 뒤따른다.) 상처받은 사람은 사건을 자신보다 더 나쁘게 인식할 가능성이 높고, 범죄자의 태도를 부당하거나 심지어 부도덕한 것으로 볼 수도 있다. 양측 모두 자신의 관점을 가지고 있으며, 둘 다 완전히 정확하지는 않다. 그러므로, 진심으로 사과하려면 먼저 상대방이 사건에 대한 자신의 견해를 단순히 주장하는 것이 아니라 사건에 대해 실제로 어떤 감정을 가지고 있는지 귀를 기울여야 한다.

Unit 02 2025년 출제 기조 전환 연습 문제 ❺

① 문제 풀어보기

05 다음 글의 흐름상 어색한 문장은?   ⏰ 제한시간 1분 ~ 1분 30초

Have you ever noticed that the buttons on men's clothing and women's clothing are arranged differently? On men's shirts, the buttons are on the right-hand side, while on women's shirts, they are on the left-hand side. ① This tradition began when buttoned clothing was a luxury. ② Wealthy women who could afford such clothing usually did not dress themselves; instead, they were dressed by maids, who were typically right-handed. ③ To make it easier for the maids to fasten the buttons, clothing makers placed them on the wearer's left-hand side. ④ Buttons have been used as fasteners for thousands of years, although the material used to make them has changed. Even though most people dress themselves today, clothing manufacturers are hesitant to change this long-standing tradition.

② 문제 풀이 전략 학습하기

'문장 제거' 문제 풀이 전략

STEP ① 글 초반에 언급되는 주제 확인하기

✎ 주로 글 초반에 제시되는 주제문을 찾고 그 뒤에 이어질 글의 내용을 예상하며 읽기

STEP ② 문장과 문장의 연결 확인하기

✎ ①번, ②번, ③번 그리고 ④번 문장의 내용이 글의 전체 주제와 부합한지 확인하며 앞 뒤 문장과도 흐름이 잘 이어지는지 확인하기

STEP ③ 지문 검토하기

✎ 글의 흐름상 어색한 문장을 제외하고 문장과 문장이 잘 연결되는지 확인하기

글 초반	Have you ever noticed that **the buttons on men's clothing and women's clothing are arranged differently?** On men's shirts, the buttons are on the right-hand side, while on women's shirts, they are on the left-hand side. 여러분은 남성복과 여성복의 단추가 다르게 배열되어 있다는 것을 알아차린 적이 있는가? 남성 셔츠의 단추는 오른쪽에 있는 반면, 여성 셔츠의 단추는 왼쪽에 있다.
①	**This tradition began** when **buttoned clothing** was a luxury. 이 전통은 단추가 달린 옷이 사치품이었을 때 시작되었다.
②	Wealthy **women** who could afford **such clothing** usually did not dress themselves; instead, they were dressed by **maids**, who were typically **right-handed**. 그러한 옷을 살 여유가 있던 부유한 여성들은 보통 스스로 옷을 입지 않았고, 대신 보통 오른손잡이인 하녀들이 옷을 입혀주었다.
③	To make it easier for **the maids** to fasten the **buttons**, clothing makers placed them on the wearer's **left-hand side**. 하녀들이 단추를 쉽게 잠그기 위해, 의류 제조업자들은 단추를 착용자의 왼쪽에 배치했다.
④	**Buttons have been used as fasteners** for thousands of years, although the material used to make them has changed. 단추는 만드는 데 사용되는 재료는 변해왔지만 수천 년 동안 잠금장치로 사용되어 왔다.
글 후반	Even though most people dress themselves today, clothing manufacturers are hesitant to change **this long-standing tradition**. 오늘날 대부분의 사람들이 스스로 옷을 입지만, 의류 제조업자들은 이 오랜 전통을 바꾸기를 주저하고 있다.

정답 ④

난이도 〔▮▮▯〕

③ 중요 표현 복습하기

어휘 복습 TEST

① notice _____
② clothing _____
③ arrange _____
④ wealthy _____
⑤ afford _____
⑥ maid _____
⑦ typically _____

⑧ fasten _____
⑨ place _____
⑩ material _____
⑪ manufacturer _____
⑫ hesitant _____
⑬ long-standing _____

어휘 복습 ANSWER

① notice — 알아채다, 주목하다
② clothing — 옷, 의복
③ arrange — 배열하다, 정리하다, 조정하다
④ wealthy — 부유한, 부자들
⑤ afford — 여유[형편]가 되다
⑥ maid — 하녀, 가정부
⑦ typically — 보통, 일반적으로, 전형적으로

⑧ fasten — 잠그다, 채우다, 묶다
⑨ place — 배치하다, 놓다, 두다, 장소, 곳
⑩ material — 재료, 물질적인
⑪ manufacturer — 제조업자, 생산 회사
⑫ hesitant — 주저하는, 망설이는
⑬ long-standing — 오래된, 장기간의

④ 지문 해석 확인하기

여러분은 남성복과 여성복의 단추가 다르게 배열되어 있다는 것을 알아차린 적이 있는가? 남성 셔츠의 단추는 오른쪽에 있는 반면, 여성 셔츠의 단추는 왼쪽에 있다. 이 전통은 단추가 달린 옷이 사치품이었을 때 시작되었다. 그러한 옷을 살 여유가 있던 부유한 여성들은 보통 스스로 옷을 입지 않았고, 대신 보통 오른손잡이인 하녀들이 옷을 입혀주었다. 하녀들이 단추를 쉽게 잠그기 위해, 의류 제조업자들은 단추를 착용자의 왼쪽에 배치했다. (단추는 만드는 데 사용되는 재료는 변해왔지만 수천 년 동안 잠금장치로 사용되어 왔다.) 오늘날 대부분의 사람들이 스스로 옷을 입지만, 의류 제조업자들은 이 오랜 전통을 바꾸기를 주저하고 있다.

Unit 02 2025년 출제 기조 전환 연습 문제 ❻

1 문제 풀어보기

06 다음 글의 흐름상 어색한 문장은?   ⏰ 제한시간 1분 ~ 1분 30초

The Inuit art of carving possesses a remarkable ability to transcend both time and language, communicating directly with the observer. Some carvings are thousands of years old, yet they continue to captivate contemporary audiences. ① <u>With each viewing of a carving masterpiece, new layers of meaning are unveiled.</u> ② <u>An animal's outline may suddenly become apparent, or an image evoking a mystical world may emerge.</u> ③ <u>The increasing popularity of Inuit art, however, is leading to an increase of imitation carvings and reproductions.</u> ④ <u>Despite their arctic origins, these works of art cannot be characterized as cold.</u> Instead, they vividly express the dynamism and vibrancy of Inuit culture — their profound passion for life and deep respect for the natural world.

② 문제 풀이 전략 학습하기

'문장 제거' 문제 풀이 전략

STEP ① 글 초반에 언급되는 주제 확인하기

✎ 주로 글 초반에 제시되는 주제문을 찾고 그 뒤에 이어질 글의 내용을 예상하며 읽기

STEP ② 문장과 문장의 연결 확인하기

✎ ①번, ②번, ③번 그리고 ④번 문장의 내용이 글의 전체 주제와 부합한지 확인하며 앞 뒤 문장과도 흐름이 잘 이어지는지 확인하기

STEP ③ 지문 검토하기

✎ 글의 흐름상 어색한 문장을 제외하고 문장과 문장이 잘 연결되는지 확인하기

글 초반	**The Inuit art of carving** possesses a remarkable ability to transcend both time and language, communicating directly with the observer. **Some carvings** are thousands of years old, yet **they** continue to **captivate contemporary audiences**. 이누이트 조각 예술은 시간과 언어를 초월하여 관찰자와 직접 소통할 수 있는 놀라운 능력을 지니고 있다. 일부 조각품들은 수천 년이 지났지만, 그들은 여전히 현대의 관객들을 사로잡고 있다.
①	With each viewing of **a carving masterpiece**, **new layers of meaning are unveiled**. 조각 걸작을 볼 때마다, 새로운 의미의 층들이 드러난다.
②	**An animal's outline** may suddenly **become apparent**, or **an image evoking a mystical world may emerge**. 동물의 윤곽이 갑자기 뚜렷해지거나 신비한 세계를 연상시키는 이미지가 나타날 수 있다.
③	The increasing popularity of **Inuit art**, however, is leading to an **increase of imitation carvings and reproductions**. 그러나 이누이트 예술의 인기 증가는 모방 조각품과 복제품의 증가로 이어지고 있다.
④	Despite their arctic origins, **these works of art** can**not** be characterized as **cold**. 이들 예술 작품들은 북극에서 기원했음에도 불구하고, 차갑다고 특징지어질 수 없다.
글 후반	Instead, **they vividly express the dynamism and vibrancy of Inuit culture**—their profound passion for life and deep respect for the natural world. 오히려 그들은 이누이트 문화의 역동성과 생동감을 생생하게 표현하며 그들의 깊은 삶에 대한 열정과 자연 세계에 대한 깊은 존경을 담고 있다.

정답 ③

난이도 ▮▮▯▯

③ 중요 표현 복습하기

어휘 복습 TEST

① carving   _____

② remarkable   _____

③ transcend   _____

④ captivate   _____

⑤ contemporary   _____

⑥ masterpiece   _____

⑦ unveil   _____

⑧ outline   _____

⑨ apparent   _____

⑩ evoke   _____

⑪ popularity   _____

⑫ imitation   _____

⑬ characterize   _____

⑭ profound   _____

어휘 복습 ANSWER

① carving   조각품

② remarkable   놀라운, 주목할 만한

③ transcend   초월하다

④ captivate   사로잡다, 매혹하다

⑤ contemporary   현대의, 동시대의

⑥ masterpiece   걸작, 명작

⑦ unveil   드러나다, 밝히다, 덮개를 벗기다, 발표하다

⑧ outline   윤곽, 개요, 개요를 서술하다, 윤곽을 보여주다

⑨ apparent   뚜렷한, 분명한, 명백한

⑩ evoke   연상시키다, 떠올리게 하다, 환기시키다

⑪ popularity   인기

⑫ imitation   모방, 모조품, 흉내내기

⑬ characterize   특징짓다

⑭ profound   깊은, 심오한

④ 지문 해석 확인하기

이누이트 조각 예술은 시간과 언어를 초월하여 관찰자와 직접 소통할 수 있는 놀라운 능력을 지니고 있다. 일부 조각품들은 수천 년이 지났지만, 그들은 여전히 현대의 관객들을 사로잡고 있다. 조각 걸작을 볼 때마다, 새로운 의미의 층들이 드러난다. 동물의 윤곽이 갑자기 뚜렷해지거나 신비한 세계를 연상시키는 이미지가 나타날 수 있다. (그러나 이누이트 예술의 인기 증가는 모방 조각품과 복제품의 증가로 이어지고 있다.) 이들 예술 작품들은 북극에서 기원했음에도 불구하고, 차갑다고 특징지어질 수 없다. 오히려 그들은 이누이트 문화의 역동성과 생동감을 생생하게 표현하며 그들의 깊은 삶에 대한 열정과 자연 세계에 대한 깊은 존경을 담고 있다.

Unit 02 | 2025년 출제 기조 전환 연습 문제 ❼

① 문제 풀어보기

07 다음 글의 흐름상 어색한 문장은?   제한시간 1분 ~ 1분 30초

To gather data on dishonesty, a university professor orchestrated an experiment wherein 150 participants were instructed to maintain a daily diary documenting every falsehood they uttered. ① In many situations, telling lies seems to be one of the dominant reasons why strong relationships among people break down. ② Participants were also prompted to record their emotional states both during and subsequent to the act of lying. ③ Upon conclusion of the research, it was unanimously revealed by the participants that they had engaged in deception at least once daily. ④ The documented lies spanned a diverse array of social contexts, ranging from brief interactions with strangers to extensive conversations with close acquaintances. Remarkably, a majority of the participants reported feeling no remorse, indicating a willingness to repeat the falsehoods if presented with similar circumstances in the future.

② 문제 풀이 전략 학습하기

'문장 제거' 문제 풀이 전략

STEP ① 글 초반에 언급되는 주제 확인하기

✎ 주로 글 초반에 제시되는 주제문을 찾고 그 뒤에 이어질 글의 내용을 예상하며 읽기

STEP ② 문장과 문장의 연결 확인하기

✎ ①번, ②번, ③번 그리고 ④번 문장의 내용이 글의 전체 주제와 부합한지 확인하며 앞 뒤 문장과도 흐름이 잘 이어지는지 확인하기

STEP ③ 지문 검토하기

✎ 글의 흐름상 어색한 문장을 제외하고 문장과 문장이 잘 연결되는지 확인하기

글 초반	To gather data on **dishonesty**, a university professor orchestrated an experiment wherein 150 participants were instructed **to maintain a daily diary documenting every falsehood** they uttered. 부정직함에 대한 데이터를 수집하기 위해, 한 대학 교수는 150명의 참가자들은 자신이 말한 모든 거짓말을 기록하는 매일의 일기를 쓰도록 지시를 받은 실험을 조직했다.
①	In many situations, **telling lies** seems to be one of the dominant reasons **why strong relationships among people break down**. 많은 상황에서, 거짓말을 하는 것은 사람들 사이의 강한 관계를 무너트리는 주된 이유 중 하나인 것 같다.
②	Participants were also prompted to **record their emotional states** both during and subsequent to **the act of lying**. 참가자들은 또한 거짓말을 할 때와 그 이후의 그들의 감정 상태도 기록하라는 요청을 받았다.
③	Upon conclusion of the research, it was unanimously revealed by the participants that **they had engaged in deception at least once daily**. 연구가 끝나자마자, 참가자들은 그들이 하루에 적어도 한 번은 거짓말을 했다고 만장일치로 밝혔다.
④	The **documented lies spanned a diverse array of social contexts**, ranging from brief interactions with strangers to extensive conversations with close acquaintances. 기록된 거짓말은 낯선 사람과의 짧은 상호작용에서부터 가까운 지인들과의 광범위한 대화에 걸쳐 이르기까지 다양한 사회적 상황에 걸쳐 있었다.
글 후반	Remarkably, a majority of the participants **reported feeling no remorse**, indicating a willingness to repeat the **falsehoods** if presented with similar circumstances in the future. 놀랍게도, 대다수의 참가자들은 양심의 가책을 느끼지 않는다고 보고했고, 이는 향후 비슷한 상황이 주어지더라도 거짓말을 반복할 의향이 있음을 나타냈다.

정답 ①

난이도 ▮▮▮▯

③ 중요 표현 복습하기

어휘 복습 TEST

❶ dishonesty _____

❷ orchestrate _____

❸ document _____

❹ falsehood _____

❺ utter _____

❻ state _____

❼ lying _____

❽ conclusion _____

❾ unanimously _____

❿ deception _____

⓫ at least _____

⓬ dominant _____

⓭ span _____

⓮ range from A to B

_____

⓯ stranger _____

⓰ extensive _____

⓱ acquaintance _____

⓲ a majority of _____

⓳ remorse _____

⓴ willingness _____

어휘 복습 ANSWER

① dishonesty — 부정직, 불성실

② orchestrate — 조직하다, 편성하다

③ document — 기록하다, 서류, 문서

④ falsehood — 거짓말

⑤ utter — (말을) 하다, 완전한

⑥ state — 상태, 형편, 국가, 주(州)

⑦ lying — 거짓말하다(lie의 현재분사)

⑧ conclusion — 마무리, 결말, 결론, 체결

⑨ unanimously — 만장일치로

⑩ deception — 거짓, 속임, 기만

⑪ at least — 적어도, 최소한

⑫ dominant — 주된, 우세한, 지배적인, 우성(優性)의

⑬ span — 걸쳐 이어지다, 포괄하다, 기간, 다양성

⑭ range from A to B — 범위가 A에서 B까지 이르다

⑮ stranger — 낯선[모르는] 사람

⑯ extensive — 광범위한, 아주 넓은, 대규모의

⑰ acquaintance — 지인, 아는 사람, 지식

⑱ a majority of — 대다수의

⑲ remorse — 양심의 가책, 후회

⑳ willingness — 의향, 의도, 기꺼이 하는 마음

④ 지문 해석 확인하기

부정직함에 대한 데이터를 수집하기 위해, 한 대학 교수는 150명의 참가자들은 자신이 말한 모든 거짓말을 기록하는 매일의 일기를 쓰도록 지시를 받은 실험을 조직했다. (많은 상황에서, 거짓말을 하는 것은 사람들 사이의 강한 관계를 무너트리는 주된 이유 중 하나인 것 같다.) 참가자들은 또한 거짓말을 할 때와 그 이후의 그들의 감정 상태도 기록하라는 요청을 받았다. 연구가 끝나자마자, 참가자들은 그들이 하루에 적어도 한 번은 거짓말을 했다고 만장일치로 밝혔다. 기록된 거짓말은 낯선 사람과의 짧은 상호작용에서부터 가까운 지인들과의 광범위한 대화에 걸쳐 이르기까지 다양한 사회적 상황에 걸쳐 있었다. 놀랍게도, 대다수의 참가자들은 양심의 가책을 느끼지 않는다고 보고했고, 이는 향후 비슷한 상황이 주어지더라도 거짓말을 반복할 의향이 있음을 나타냈다.

Unit 02 | 2025년 출제 기조 전환 연습 문제 ❽

① 문제 풀어보기

08 다음 글의 흐름상 어색한 문장은?　　　🕐 제한시간 1분 ~ 1분 30초

A prevalent misconception held by the general public regarding penguins pertains to their living environments. It is commonly believed that penguins exclusively inhabit the extremely cold regions of the South Pole. ① Yet, out of the seventeen recognized species of penguins, merely four possess the capability to endure the Antarctic conditions throughout the year. ② The Adelie, chinstrap, gentoo, and emperor penguins have developed unique adaptations that facilitate their survival in this rigorous climate. ③ These adaptations encompass a system for thermoregulation and survival instincts that enable them to thrive on the icy terrain as well as in the bone-chilling waters. ④ Penguins generally feed while in the water, subsisting on a diet of krill, fish, and squid. Conversely, other penguin species reside in Antarctica for portions of the year, but they migrate to warmer locales during the breeding season.

---

② 문제 풀이 전략 학습하기

🎒 '문장 제거' 문제 풀이 전략

STEP ① 글 초반에 언급되는 주제 확인하기

✏️ 주로 글 초반에 제시되는 주제문을 찾고 그 뒤에 이어질 글의 내용을 예상하며 읽기

STEP ② 문장과 문장의 연결 확인하기

✏️ ①번, ②번, ③번 그리고 ④번 문장의 내용이 글의 전체 주제와 부합한지 확인하며 앞 뒤 문장과도 흐름이 잘 이어지는지 확인하기

STEP ③ 지문 검토하기

✏️ 글의 흐름상 어색한 문장을 제외하고 문장과 문장이 잘 연결되는지 확인하기

글 초반	A prevalent **misconception** held by the general public regarding **penguins** pertains to their living environments. It is commonly believed that **penguins exclusively inhabit the extremely cold regions of the South Pole**. 일반 대중이 펭귄에 대해 가지고 있는 널리 퍼진 오해는 그들의 서식 환경과 관련있다. 펭귄은 남극의 극도로 추운 지역에서만 서식한다고 흔히 믿어진다.
①	Yet, out of the seventeen recognized species of **penguins**, merely four possess the capability to **endure the Antarctic conditions throughout the year**. 그러나 17종으로 알려진 펭귄 중에서 단 4종만이 연중 내내 남극의 환경을 견딜 수 있는 능력을 가지고 있다.
②	The Adelie, chinstrap, gentoo, and emperor **penguins** have developed **unique adaptations that facilitate their survival in this rigorous climate**. 아델리펭귄, 턱끈펭귄, 젠투펭귄, 황제펭귄은 이 혹독한 기후에서 생존할 수 있도록 독특한 적응을 발달시켰다.
③	**These adaptations** encompass a system for thermoregulation and survival instincts that enable **them to thrive on the icy terrain as well as in the bone-chilling waters**. 이러한 적응에는 이는 뼈를 식히는 물뿐만 아니라 얼음이 덮인 지형과 차가운 물에서 번성할 수 있게 하는 체온 조절 및 생존 본능을 위한 체계를 포함한다.
④	**Penguins generally feed** while in the water, **subsisting on a diet of krill, fish, and squid**. 펭귄은 물속에서 크릴 새우, 물고기, 오징어를 주로 먹고 산다.
글 후반	Conversely, other **penguin** species reside in Antarctica for portions of the year, but they migrate to warmer locales during the breeding season. 반대로, 다른 펭귄 종들은 일년 중 일부 기간 동안 남극에 서식하지만 번식기에는 더 따뜻한 지역으로 이주한다.

정답 ④

난이도 🔋

③ 중요 표현 복습하기

어휘 복습 TEST

1 prevalent _____

2 misconception _____

3 pertain _____

4 exclusively _____

5 recognized _____

6 species _____

7 possess _____

8 endure _____

9 Antarctic _____

10 adaptation _____

11 facilitate _____

12 rigorous _____

13 thermoregulation _____

14 instinct _____

15 enable to do _____

16 thrive _____

17 terrain _____

18 bone-chilling _____

19 feed _____

20 subsist _____

21 migrate _____

22 breeding _____

어휘 복습 ANSWER

1 prevalent — 널리 퍼져 있는, 일반적인

2 misconception — 오해

3 pertain — 관련하다, 존재하다, 적용되다

4 exclusively — 오직, 오로지, 전적으로

5 recognized — 알려진, 인정된

6 species — 종(種)

7 possess — 지니다, 갖추고 있다, 소유하다, 보유하다

8 endure — 견디다, 참다, 지속되다

9 Antarctic — 남극 지역

10 adaptation — 적응, 각색

11 facilitate — 가능하게[용이하게] 하다, 촉진하다

12 rigorous — 혹독한, 엄격한

13 thermoregulation — 체온[온도] 조절

14 instinct — 본능, 타고난 소질, 직감

15 enable to do — ~가 ~할 수 있게 하다

16 thrive — 번성하다, 잘 자라다, 번창하다

17 terrain — 지형, 지역

18 bone-chilling — 뼈까지 시려오는

19 feed — 먹이를 먹다, 먹이, 사료

20 subsist — 먹고 살다, 존속되다

21 migrate — 이주[이동]하다, 옮기다

22 breeding — 번식, 사육

④ 지문 해석 확인하기

일반 대중이 펭귄에 대해 가지고 있는 널리 퍼진 오해는 그들의 서식 환경과 관련있다. 펭귄은 남극의 극도로 추운 지역에서만 서식한다고 흔히 믿어진다. 그러나 17종으로 알려진 펭귄 중에서 단 4종만이 연중 내내 남극의 환경을 견딜 수 있는 능력을 가지고 있다. 아델리펭귄, 턱끈펭귄, 젠투펭귄, 황제펭귄은 이 혹독한 기후에서 생존할 수 있도록 독특한 적응을 발달시켰다. 이러한 적응에는 이는 뼈를 식히는 물뿐만 아니라 얼음이 덮인 지형과 차가운 물에서 번성할 수 있게 하는 체온 조절 및 생존 본능을 위한 체계를 포함한다. (펭귄은 물속에서 크릴 새우, 물고기, 오징어를 주로 먹고 산다.) 반대로, 다른 펭귄 종들은 일년 중 일부 기간 동안 남극에 서식하지만 번식기에는 더 따뜻한 지역으로 이주한다.

Unit 02 | 2025년 출제 기조 전환 연습 문제 ⑨

① 문제 풀어보기

09 다음 글의 흐름상 어색한 문장은?   제한시간 1분 ~ 1분 30초

Some individuals hold the belief that vaccines are a cause of autism. While it may seem straightforward to dismiss such factually baseless claims, it is important to delve deeper into the reasoning behind such conclusions. ① In truth, there are inherent human tendencies that can prompt us to reject scientific evidence. ② Conditions with no clear origin, like autism, can induce discomfort, leading us to forge unsubstantiated links to fill the voids in our understanding. ③ To fill these knowledge gaps, we gather more information and decide which information is appropriate and supported by evidence. ④ Furthermore, when confronted with perceived threats, we are prone to envisage the most catastrophic outcomes, rather than adopting a logical perspective. This phenomenon is evident in the discourse on vaccines — individuals lacking comprehension of vaccines find it simpler to assume their detriment, in spite of overwhelming evidence to the contrary.

② 문제 풀이 전략 학습하기

'문장 제거' 문제 풀이 전략

STEP ① 글 초반에 언급되는 주제 확인하기

✎ 주로 글 초반에 제시되는 주제문을 찾고 그 뒤에 이어질 글의 내용을 예상하며 읽기

STEP ② 문장과 문장의 연결 확인하기

✎ ①번, ②번, ③번 그리고 ④번 문장의 내용이 글의 전체 주제와 부합한지 확인하며 앞 뒤 문장과도 흐름이 잘 이어지는지 확인하기

STEP ③ 지문 검토하기

✎ 글의 흐름상 어색한 문장을 제외하고 문장과 문장이 잘 연결되는지 확인하기

글 초반	Some individuals hold the belief that vaccines are a cause of **autism**. While it may seem straightforward **to dismiss such factually baseless claims**, it is important to delve deeper into the reasoning behind such conclusions. 어떤 사람들은 백신이 자폐증의 원인이라고 생각한다. 그러한 사실에 근거 없는 주장을 일축하는 것은 쉬워 보일 수 있지만, 그러한 결론의 배경에 있는 이유를 더 깊이 탐구하는 것은 중요하다.
①	In truth, there are **inherent human tendencies that can prompt us to reject scientific evidence**. 사실, 우리는 과학적 증거를 거부하도록 하는 내재된 인간의 성향이 있다.
②	Conditions with no clear origin, like **autism**, **can induce discomfort**, leading us to forge unsubstantiated links to fill the voids in our understanding. 자폐증과 같이 명확한 원인이 없는 상태는 불편함을 유발할 수 있으며, 이는 우리가 이해의 공백을 메우기 위해 근거 없는 연결고리를 만들어 낸다.
③	To fill these knowledge gaps, **we gather more information and decide which information is appropriate and supported by evidence**. 이러한 지식의 공백을 메우기 위해 우리는 더 많은 정보를 수집하고 어떤 정보가 적절하고 증거로 뒷받침되는지를 결정한다.
④	Furthermore, **when confronted with perceived threats, we are prone to envisage the most catastrophic outcomes**, rather than adopting a logical perspective. 게다가 인지된 위협에 직면했을 때, 우리는 논리적인 관점을 채택하기보다는 가장 비극적인 결과를 예상하는 경향이 있다.
글 후반	**This phenomenon** is evident in the discourse on vaccines — individuals lacking comprehension of vaccines find it simpler to assume their detriment, in spite of overwhelming evidence to the contrary. 이러한 현상은 백신에 대한 담론에서 분명히 드러난다. 백신에 대한 이해가 부족한 개인들은 반대의 압도적인 증거에도 불구하고 자신들의 피해를 더 쉽게 추정할 수 있다.

정답 ③

난이도 ▮▮▮

③ 중요 표현 복습하기

어휘 복습 TEST

① hold _____

② autism _____

③ straightforward _____

④ dismiss _____

⑤ factually _____

⑥ baseless _____

⑦ conclusion _____

⑧ inherent _____

⑨ reject _____

⑩ discomfort _____

⑪ unsubstantiated _____

⑫ appropriate _____

⑬ confront _____

⑭ be prone to _____

⑮ envisage _____

⑯ catastrophic _____

⑰ discourse _____

⑱ comprehension _____

⑲ detriment _____

⑳ overwhelming _____

어휘 복습 ANSWER

❶	hold	생각하다, 유지하다, 잡다	⑪	unsubstantiated	근거 없는, 입증되지 않은
❷	autism	자폐증	⑫	appropriate	적절한, 적합한
❸	straightforward	간단한, 쉬운, 솔직한	⑬	confront	직면하다, 마주치다
❹	dismiss	일축하다, 묵살하다, 해고하다	⑭	be prone to	~하기 쉽다
❺	factually	실제로, 사실상	⑮	envisage	예상하다, 상상하다
❻	baseless	근거 없는	⑯	catastrophic	비극적인, 큰 재앙의
❼	conclusion	결론, 판단, 결말, 마무리, 체결	⑰	discourse	담론, 담화
❽	inherent	내재된, 고유의, 타고난	⑱	comprehension	이해(력)
❾	reject	거부하다, 거절하다	⑲	detriment	피해, 손상
❿	discomfort	불편, 불편하게 하다	⑳	overwhelming	압도적인, 엄청난

④ 지문 해석 확인하기

어떤 사람들은 백신이 자폐증의 원인이라고 생각한다. 그러한 사실에 근거 없는 주장을 일축하는 것은 쉬워 보일 수 있지만, 그러한 결론의 배경에 있는 이유를 더 깊이 탐구하는 것은 중요하다. 사실, 우리는 과학적 증거를 거부하도록 하는 내재된 인간의 성향이 있다. 자폐증과 같이 명확한 원인이 없는 상태는 불편함을 유발할 수 있으며, 이는 우리가 이해의 공백을 메우기 위해 근거 없는 연결고리를 만들어 낸다. (이러한 지식의 공백을 메우기 위해 우리는 더 많은 정보를 수집하고 어떤 정보가 적절하고 증거로 뒷받침되는지를 결정한다.) 게다가 인지된 위협에 직면했을 때, 우리는 논리적인 관점을 채택하기 보다는 가장 비극적인 결과를 예상하는 경향이 있다. 이러한 현상은 백신에 대한 담론에서 분명히 드러난다. 백신에 대한 이해가 부족한 개인들은 반대의 압도적인 증거에도 불구하고 자신들의 피해를 더 쉽게 추정할 수 있다.

Unit 02 | 2025년 출제 기조 전환 연습 문제 ⑩

① 문제 풀어보기

10 다음 글의 흐름상 어색한 문장은?

⏰ 제한시간 1분 ~ 1분 30초

No matter your location, adhering to the response protocol of "drop, cover, and hold on" significantly enhances your chances of avoiding injuries during an earthquake. ① <u>These three directives encapsulate the actions of dropping to the ground, seeking shelter under a sturdy piece of furniture, and firmly gripping it.</u> ② <u>Additionally, if circumstances allow, you should endeavor to relocate away from potential hazards, such as areas immediately adjacent to a building's exterior walls.</u> ③ <u>In these locations, you are vulnerable to falling windows and architectural details that are prone to detachment and collapse amidst seismic activity.</u> ④ <u>Many modern buildings have been constructed with techniques designed to minimize earthquake damage.</u> To safeguard against these risks, it is crucial to refrain from exiting or entering buildings while the tremors persist.

② 문제 풀이 전략 학습하기

'문장 제거' 문제 풀이 전략

STEP ① 글 초반에 언급되는 주제 확인하기

✎ 주로 글 초반에 제시되는 주제문을 찾고 그 뒤에 이어질 글의 내용을 예상하며 읽기

STEP ② 문장과 문장의 연결 확인하기

✎ ①번, ②번, ③번 그리고 ④번 문장의 내용이 글의 전체 주제와 부합한지 확인하며 앞 뒤 문장과도 흐름이 잘 이어지는지 확인하기

STEP ③ 지문 검토하기

✎ 글의 흐름상 어색한 문장을 제외하고 문장과 문장이 잘 연결되는지 확인하기

글 초반	No matter your location, adhering to **the response protocol of "drop, cover, and hold on"** significantly enhances your chances of **avoiding injuries during an earthquake**. 위치에 상관없이 "엎드리고, 가리고, 기다려라"라는 대응 프로토콜을 지키는 것은 지진 발생 시 부상을 피할 가능성을 크게 높여준다.
①	**These three directives** encapsulate the actions of **dropping** to the ground, **seeking shelter** under a sturdy piece of furniture, and firmly **gripping** it. 이 세 가지 지침은 땅에 엎드리고, 튼튼한 가구 아래로 피신하며, 단단히 붙잡는 행동을 요약한 것이다.
②	Additionally, if circumstances allow, you should endeavor to **relocate away from potential hazards, such as areas** immediately adjacent to a building's exterior walls. 또한 상황이 허락한다면 건물의 외벽에 바로 인접한 지역과 같은 잠재적 위험으로부터 벗어나려고 노력해야 한다.
③	In **these locations**, you are vulnerable to falling windows and architectural details that are prone to detachment and collapse amidst seismic activity. 이러한 위치에서는 떨어지는 창문과 지진 활동 중에 쉽게 분리되고 붕괴될 수 있는 건축물의 세부 사항에 취약하다.
④	**Many modern buildings have been constructed with techniques** designed to minimize **earthquake damage**. 많은 현대식 건물들은 지진 피해를 최소화하기 위한 기술로 지어졌다.
글 후반	**To safeguard against these risks**, it is crucial to **refrain from exiting** or **entering buildings** while the **tremors** persist. 이러한 위험으로부터 보호하기 위해서는 진동이 지속되는 동안 건물 밖으로 나오거나 들어가는 것을 자제하는 것이 중요하다.

정답 ④

난이도 ▮▮▯

③ 중요 표현 복습하기

어휘 복습 TEST

① adhere to _____

② protocol _____

③ earthquake _____

④ directive _____

⑤ encapsulate _____

⑥ shelter _____

⑦ sturdy _____

⑧ grip _____

⑨ endeavor _____

⑩ adjacent _____

⑪ exterior _____

⑫ architectural _____

⑬ be prone to _____

⑭ detachment _____

⑮ collapse _____

⑯ seismic _____

⑰ minimize _____

⑱ refrain from _____

⑲ tremor _____

⑳ persist _____

어휘 복습 ANSWER

❶ adhere to	지키다, 고수하다	
❷ protocol	프로토콜, 외교 의례	
❸ earthquake	지진	
❹ directive	지침, 지시, 명령, 지시[[지휘]하는	
❺ encapsulate	요약하다, 압축하다	
❻ shelter	피하다, 보호하다, 피난처, 주거지	
❼ sturdy	튼튼한, 견고한	
❽ grip	꽉 잡다, 움켜잡다	
❾ endeavor	노력하다, 시도하다, 노력, 시도	
❿ adjacent	인접한, 가까운	
⑪ exterior	외부의, 겉의, 외부, 겉(모습)	
⑫ architectural	건축학[물]의	
⑬ be prone to	~하기 쉽다	
⑭ detachment	분리, 이탈, 무심함, 객관성	
⑮ collapse	붕괴되다, 무너지다, 붕괴, 실패	
⑯ seismic	지진의, 지진에 의한	
⑰ minimize	최소화하다, 축소하다	
⑱ refrain from	~을 자제하다, ~을 삼가다	
⑲ tremor	진동, 떨림	
⑳ persist	계속[지속]되다, 지속하다, 고집하다	

④ 지문 해석 확인하기

위치에 상관없이 "엎드리고, 가리고, 기다려라"라는 대응 프로토콜을 지키는 것은 지진 발생 시 부상을 피할 가능성을 크게 높여 준다. 이 세 가지 지침은 땅에 엎드리고, 튼튼한 가구 아래로 피신하며, 단단히 붙잡는 행동을 요약한 것이다. 또한 상황이 허락한다면 건물의 외벽에 바로 인접한 지역과 같은 잠재적 위험으로부터 벗어나려고 노력해야 한다. 이러한 위치에서는 떨어지는 창문과 지진 활동 중에 쉽게 분리되고 붕괴될 수 있는 건축물의 세부 사항에 취약하다. (많은 현대식 건물들은 지진 피해를 최소화하기 위한 기술로 지어졌다.) 이러한 위험으로부터 보호하기 위해서는 진동이 지속되는 동안 건물 밖으로 나오거나 들어가는 것을 자제하는 것이 중요하다.

MEMO

진가영 영어
신경향 독해 마스터 시즌 2

진가영 영어연구소 ｜ cafe.naver.com/easyenglish7

단일형 문항 ③
문장 삽입

단일형 문항 ❸ 문장 삽입

Unit 01 | 2025년 출제 기조 전환 예시 문제

① 문제 풀어보기

01 주어진 문장이 들어갈 위치로 가장 적절한 것은?

⏰ 제한시간 1분 30초 ~ 2분

2025년 출제 기조 전환 예시 문제 17번

In particular, in many urban counties, air pollution, as measured by the amount of total suspended particles, had reached dangerous levels.

Economists Chay and Greenstone evaluated the value of cleaning up of air pollution after the Clean Air Act of 1970. (①) Before 1970, there was little federal regulation of air pollution, and the issue was not high on the agenda of state legislators. (②) As a result, many counties allowed factories to operate without any regulation on their pollution, and in several heavily industrialized counties, pollution had reached very high levels. (③) The Clean Air Act established guidelines for what constituted excessively high levels of five particularly dangerous pollutants. (④) Following the Act in 1970 and the 1977 amendment, there were improvements in air quality.

② 문제 풀이 전략 학습하기

'문장 삽입' 문제 풀이 전략

STEP ① 주어진 문장 확인 & 맥락 예측하기

✎ 주어진 보기 문장을 먼저 읽고 무엇에 관한 내용을 확인하고 주어진 문장 앞 또는 뒤에 나올 내용을 예측하기

STEP ② 문장과 문장 사이의 연결 관계를 확인하고 논리적 단절 찾기

주어진 문장	**In particular**, in many urban counties, **air pollution**, as measured by the amount of total suspended particles, **had reached dangerous levels**. 특히 많은 도시의 주들에서는 총 부유입자의 양으로 측정되는 대기오염이 위험 수준에 도달했다.

Economists Chay and Greenstone evaluated the value of **cleaning up of air pollution after the Clean Air Act of 1970**.

경제학자 Chay와 Greenstone은 1970년 대기 오염 방지법 이후 대기오염 정화의 가치를 평가했다.

(①) **Before 1970**, there was **little federal regulation of air pollution**, and the issue was not high on the agenda of state legislators.

1970년 이전에는 대기오염에 대한 연방 정부의 규제가 거의 없었고, 주 의원들의 의제에서 그 문제가 중요하지 않았다.

(②) As a result, many counties allowed factories to operate **without any regulation on their pollution**, and in several heavily industrialized counties, **pollution had reached very high levels**.

결과적으로, 많은 주들이 오염에 대한 규제 없이 공장들이 가동하는 것을 허용했고, 몇몇 고도로 산업화된 주들에서는 오염이 매우 높은 수준에 도달했다.

(③) The Clean Air Act established guidelines for what **constituted excessively high levels** of five particularly dangerous pollutants.

대기 오염 방지법은 5가지 특히 위험한 오염물질의 과도하게 높은 수준을 무엇이 구성하고 있는지에 대한 지침을 제정했다.

(④) **Following the Act in 1970 and the 1977 amendment**, there were **improvements in air quality**.

1970년 이 법령과 1977년 개정에 이후에, 대기의 질이 개선이 있었다.

STEP ③ 지문 검토하기

✎ 주어진 문장을 삽입한 후 글의 흐름이 자연스러운지 확인하기

정답 ③

난이도 ▮▮▮

③ 중요 표현 복습하기

어휘 복습 TEST

① economist _____

② evaluate _____

③ act _____

④ federal _____

⑤ regulation _____

⑥ agenda _____

⑦ legislator _____

⑧ county _____

⑨ operate _____

⑩ industrialize _____

⑪ in particular _____

⑫ urban _____

⑬ amount _____

⑭ suspend _____

⑮ particle _____

⑯ Clean Air Act _____

⑰ establish _____

⑱ guideline _____

⑲ constitute _____

⑳ excessively _____

㉑ pollutant _____

㉒ following _____

㉓ amendment _____

㉔ improvement _____

㉕ quality _____

어휘 복습 ANSWER

❶	economist	경제학자, 경제 전문가	⓮	suspend	부유시키다, 매달다, 중지하다, 연기하다
❷	evaluate	평가하다, ~의 수치를 구하다			
❸	act	법령, 행동, 행동하다	⓯	particle	입자, 조각, 미립자
❹	federal	연방 정부의, 연방제의	⓰	Clean Air Act	대기 오염 방지법
❺	regulation	규제, 규정, 법규, 단속	⓱	establish	제정하다, 설립하다, 확고히 하다
❻	agenda	의제, 안건	⓲	guideline	지침, 지표
❼	legislator	입법자, 법률 제정자, 의회[국회]의원	⓳	constitute	~을 구성하다, 이루다, 설립하다
❽	county	(자치)주, 군	⓴	excessively	과도하게, 지나치게
❾	operate	가동[작동]하다, 작용하다, 수술하다	㉑	pollutant	오염 물질, 오염원
❿	industrialize	산업화하다, 공업화하다	㉒	following	~ 후에, ~에 따라, 그 다음의
⓫	in particular	특히, 특별히	㉓	amendment	개정, 수정
⓬	urban	도시의	㉔	improvement	개선, 호전, 향상
⓭	amount	양, 총액, (총계·수치가) ~에 달하다	㉕	quality	질, 품질, 속성

④ 지문 해석 확인하기

경제학자 Chay와 Greenstone은 1970년 대기 오염 방지법 이후 대기오염 정화의 가치를 평가했다. 1970년 이전에는 대기오염에 대한 연방 정부의 규제가 거의 없었고, 주 의원들의 의제에서 그 문제가 중요하지 않았다. 결과적으로, 많은 주들이 오염에 대한 규제 없이 공장들이 가동하는 것을 허용했고, 몇몇 고도로 산업화된 주들에서는 오염이 매우 높은 수준에 도달했다. (특히 많은 도시의 주들에서는 총 부유입자의 양으로 측정되는 대기오염이 위험 수준에 도달했다.) 대기 오염 방지법은 5가지 특히 위험한 오염물질의 과도하게 높은 수준을 무엇이 구성하고 있는지에 대한 지침을 제정했다. 1970년 이 법령과 1977년 개정에 이후에, 대기의 질이 개선이 있었다.

Unit 02 | 2025년 출제 기조 전환 연습 문제 ❶

① 문제 풀어보기

01 주어진 문장이 들어갈 위치로 가장 적절한 것은? 제한시간 1분 30초 ~ 2분

However, we are constrained by a lack of resources, including time constraints available.

The reality of life on our planet is that human desires for goods and services are virtually infinite, while productive resources are limited. (①) You may want to have a few new clothes or a luxurious boat or vacation in the Swiss Alps. (②) You may dream of driving a new car to a house on the beach. (③) Most of us want to have a lot of different things as well as all of these things. (④) We cannot have everything as much as we want, so we have to choose from an alternative. There is no free lunch—doing one thing makes us sacrifice other opportunities.

---

② 문제 풀이 전략 학습하기

'문장 삽입' 문제 풀이 전략

STEP ① 주어진 문장 확인 & 맥락 예측하기

✎ 주어진 보기 문장을 먼저 읽고 무엇에 관한 내용을 확인하고 주어진 문장 앞 또는 뒤에 나올 내용을 예측하기

STEP ② 문장과 문장 사이의 연결 관계를 확인하고 논리적 단절 찾기

주어진 문장	**However**, **we are constrained** by a lack of **resources**, including time constraints available. 하지만, 우리는 이용 가능한 시간의 제약을 포함하여 자원의 부족으로 인해 제한받고 있다.

The reality of life on our planet is that **human desires for goods and services** are virtually infinite, while **productive resources** are limited.
우리 행성에서의 삶의 현실은 상품과 서비스에 대한 인간의 욕구는 사실상 무한한 반면에, 생산 자원은 한정되어 있다는 것이다.

(①) **You may want to have** a few new clothes or a luxurious boat or vacation in the Swiss Alps.
당신은 몇 벌의 새 옷이나 호화로운 보트 또는 스위스 알프스에서 휴가를 원할지도 모른다.

(②) **You may dream of** driving **a new car** to a house on the beach.
당신은 해변에 있는 집으로 가는 새 차를 운전하는 꿈을 꿀지도 모른다.

(③) **Most of us want to have** a lot of different things as well as **all of these things**.
우리 대부분은 이러한 모든 것뿐만 아니라 많은 여러가지의 것들을 가지기를 원한다.

(④) **We cannot have everything** as much as we want, so we have to choose from an alternative.
우리는 원하는 만큼의 모든 것을 가질 수 없기 때문에 대안 중에서 선택해야 한다.

There is no free lunch — doing one thing makes us sacrifice other opportunities.
'공짜 점심은 없다'는 말처럼 한 가지를 한다는 것은 우리가 다른 기회들을 희생하도록 만든다.

STEP ③ 지문 검토하기

✎ 주어진 문장을 삽입한 후 글의 흐름이 자연스러운지 확인하기

정답 ④

난이도 ▮▮▮▯

③ 중요 표현 복습하기

어휘 복습 TEST

① constrain _____

② constraint _____

③ available _____

④ planet _____

⑤ desire _____

⑥ virtually _____

⑦ infinite _____

⑧ productive _____

⑨ as well as _____

⑩ alternative _____

⑪ sacrifice _____

⑫ opportunity _____

어휘 복습 ANSWER

① constrain 제한하다, 강요하다

② constraint 제약, 제한

③ available 이용할 수 있는, 여유 있는

④ planet 지구, 세상, 행성

⑤ desire 욕구, 갈망, 바라다

⑥ virtually 사실상, 거의, 가상으로

⑦ infinite 무한한, 한계가 없는

⑧ productive 생산하는, 야기하는

⑨ as well as 뿐만 아니라

⑩ alternative 대안, 대체 가능한

⑪ sacrifice 희생, 희생하다

⑫ opportunity 기회

④ 지문 해석 확인하기

우리 행성에서의 삶의 현실은 상품과 서비스에 대한 인간의 욕구는 사실상 무한한 반면에, 생산 자원은 한정되어 있다는 것이다. 당신은 몇 벌의 새 옷이나 호화로운 보트 또는 스위스 알프스에서 휴가를 원할지도 모른다. 당신은 해변에 있는 집으로 가는 새 차를 운전하는 꿈을 꿀지도 모른다. 우리 대부분은 이러한 모든 것뿐만 아니라 많은 여러가지의 것들을 가지기를 원한다. (하지만, 우리는 이용 가능한 시간의 제약을 포함하여 자원의 부족으로 인해 제한받고 있다.) 우리는 원하는 만큼의 모든 것을 가질 수 없기 때문에 대안 중에서 선택해야 한다. '공짜 점심은 없다'는 말처럼 한 가지를 한다는 것은 우리가 다른 기회들을 희생하도록 만든다.

Unit 02 2025년 출제 기조 전환 연습 문제 ❷

1 문제 풀어보기

02 주어진 문장이 들어갈 위치로 가장 적절한 것은? 제한시간 1분 30초 ~ 2분

This is because she did not control other factors that could be related to both vitamin C and cold.

When researchers find that two variables are related, they often conclude that there is a causal relationship between them. (①) For example, let's say a researcher found that people who take vitamin C daily are less likely to catch a cold than those who don't. (②) After finding these results, she used this data as evidence to write a paper saying that vitamin C prevents colds. (③) It may be true that vitamin C can actually prevent colds, but this researcher's research cannot claim to be the case. (④) For example, people who take vitamin C every day may be more health-conscious people overall, so they can wash their hands more often and exercise more. Causal conclusions cannot be made based on the relationships found, unless controlled experiments are conducted.

② 문제 풀이 전략 학습하기

'문장 삽입' 문제 풀이 전략

STEP ① 주어진 문장 확인 & 맥락 예측하기

✎ 주어진 보기 문장을 먼저 읽고 무엇에 관한 내용을 확인하고 주어진 문장 앞 또는 뒤에 나올 내용을 예측하기

STEP ② 문장과 문장 사이의 연결 관계를 확인하고 논리적 단절 찾기

주어진 문장	**This** is because **she did not control other factors** that could be related to both vitamin C and cold. 이는 그녀가 비타민 C와 감기 모두와 관련될 수 있는 다른 요인들을 통제하지 않았기 때문이다.

When **researchers find that two variables** are related, they often conclude that there is **a causal relationship between them**.

연구자들이 두 변수가 관련되어 있다는 것을 발견하면, 그들은 종종 그것들 사이에 인과 관계가 있다고 결론을 내린다.

(①) **For example**, let's say **a researcher found that** people who take **vitamin C** daily are less likely to catch a **cold** than those who don't.

예를 들어, 연구자가 매일 비타민 C를 섭취하는 사람들이 그렇지 않은 사람들보다 감기에 걸릴 가능성이 적다는 것을 발견했다고 하자.

(②) After **finding these results**, **she** used this data as evidence to write a paper saying that **vitamin C prevents colds**.

이러한 결과를 발견한 후, 그녀는 이 데이터를 증거로 사용하여 비타민 C가 감기를 예방한다는 논문을 작성했다.

(③) It may be true that **vitamin C can actually prevent colds**, **but this researcher's research cannot claim to be the case**.

비타민 C가 실제로 감기를 예방할 수 있다는 것이 사실일 수 있지만, 이 연구자의 연구로는 사실이 그렇다고 주장할 수는 없다.

(④) **For example**, people who take vitamin C every day may be more health-conscious people overall, so they can **wash their hands** more often and **exercise more**.

예를 들어, 매일 비타민 C를 섭취하는 사람들은 전반적으로 건강에 더 신경을 쓰는 사람들일 수 있으며, 손을 더 자주 씻고 더 많이 운동할 수 있다.

Causal conclusions cannot be made based on the relationships found, **unless controlled experiments are conducted**.

통제된 실험을 수행하지 않는 한, 발견된 관계를 기반으로 인과 관계 결론을 내릴 수 없다.

STEP ③ 지문 검토하기

✎ 주어진 문장을 삽입한 후 글의 흐름이 자연스러운지 확인하기

[정답] ④

[난이도] ▮▮▯

③ 중요 표현 복습하기

어휘 복습 TEST

① be related to _____

② cold _____

③ variable _____

④ conclude _____

⑤ causal _____

⑥ evidence _____

⑦ paper _____

⑧ prevent _____

⑨ overall _____

⑩ exercise _____

⑪ be based on _____

⑫ experiment _____

어휘 복습 ANSWER

① be related to ~와 관련[관계]이 있다

② cold 감기, 추위, 차가운

③ variable 변수, 변동이 심한

④ conclude 결론을 내린다, 끝내다

⑤ causal 인과 관계의

⑥ evidence 증거, 흔적, 증언[입증]하다

⑦ paper 논문 (발표), 종이

⑧ prevent 예방[방지]하다, 막다, 방해하다

⑨ overall 전반적으로, 전체의

⑩ exercise 운동, 연습, 운동하다

⑪ be based on ~에 기초하다, 근거하다

⑫ experiment 실험, 실험을 하다

④ 지문 해석 확인하기

연구자들이 두 변수가 관련되어 있다는 것을 발견하면, 그들은 종종 그것들 사이에 인과 관계가 있다고 결론을 내린다. 예를 들어, 연구자가 매일 비타민 C를 섭취하는 사람들이 그렇지 않은 사람들보다 감기에 걸릴 가능성이 적다는 것을 발견했다고 하자. 이러한 결과를 발견한 후, 그녀는 이 데이터를 증거로 사용하여 비타민 C가 감기를 예방한다는 논문을 작성했다. 비타민 C가 실제로 감기를 예방할 수 있다는 것이 사실일 수 있지만, 이 연구자의 연구로는 사실이 그렇다고 주장할 수는 없다. (이는 그녀가 비타민 C와 감기 모두와 관련될 수 있는 다른 요인들을 통제하지 않았기 때문이다.) 예를 들어, 매일 비타민 C를 섭취하는 사람들은 전반적으로 건강에 더 신경을 쓰는 사람들일 수 있으며, 손을 더 자주 씻고 더 많이 운동할 수 있다. 통제된 실험을 수행하지 않는 한, 발견된 관계를 기반으로 인과 관계 결론을 내릴 수 없다.

Unit 02 2025년 출제 기조 전환 연습 문제 ❸

① 문제 풀어보기

03 주어진 문장이 들어갈 위치로 가장 적절한 것은?   ⏱ 제한시간 1분 30초 ~ 2분

In the wild, they sometimes appeared to have vivid red, yellow, or orange scales due to genetic differences.

Goldfish were actually served for dinner in many Chinese households before swimming around in the fish tank. (①) The goldfish we now know is the cultivation of silver-grey wild carp. (②) Known as 'chi', the wild carp was the most frequently eaten species in China. (③) These colors were easily visible, so these fish were quickly attacked and eaten by predators. (④) However, from around the 9th century, Buddhist monks began to raise bright-colored chi in the pond, which kept the fish safe from natural predators. Before long, more and more people across China started keeping chi as pets instead of preparing them for dinner.

② 문제 풀이 전략 학습하기

'문장 삽입' 문제 풀이 전략

STEP 1 주어진 문장 확인 & 맥락 예측하기

✎ 주어진 보기 문장을 먼저 읽고 무엇에 관한 내용을 확인하고 주어진 문장 앞 또는 뒤에 나올 내용을 예측하기

STEP 2 문장과 문장 사이의 연결 관계를 확인하고 논리적 단절 찾기

주어진 문장	In the wild, **they** sometimes appeared to have **vivid red, yellow, or orange** scales due to genetic differences. 야생에서, 그들은 때때로 유전적 차이로 인해 선명한 빨간색, 노란색 또는 주황색 비늘을 가진 것처럼 보였다.

Goldfish were actually served for dinner in many Chinese households before swimming around in the fish tank.

금붕어는 수조에서 헤엄치기 전에 실제로 많은 중국 가정에서 저녁 식사로 제공되었다.

(①) The goldfish we now know is the cultivation of **silver-grey wild carp**.

우리가 지금 알고 있는 금붕어는 은회색의 야생 잉어의 재배종이다.

(②) Known as 'chi', **the wild carp** was the most frequently **eaten species in China**.

'치(chi)'로 알려진 야생 잉어는 중국에서 가장 자주 먹는 어종이었다.

(③) These colors were easily visible, so these fish **were quickly attacked and eaten by predators**.

이러한 색은 쉽게 눈에 띄었기 때문에, 이 물고기들은 빠르게 공격을 받고 포식자에게 잡아먹히곤 했다.

(④) **However**, from around the 9th century, Buddhist monks began to raise bright-colored chi in the pond, which kept the fish safe from natural predators.

그러나, 9세기경부터 불교 승려들이 연못에 밝은색의 치(chi)를 기르기 시작하면서 천적들로부터 이 물고기를 안전하게 지켜 주었다.

Before long, more and more people across China started keeping chi as pets instead of preparing them for dinner.

머지 않아 중국 전역에서 점점 더 많은 사람이 저녁 식사로 그것들을 준비하는 대신에 애완동물로 치(chi)를 기르기 시작했다.

STEP 3 지문 검토하기

✎ 주어진 문장을 삽입한 후 글의 흐름이 자연스러운지 확인하기

정답 ③

난이도 ▭▭▭

③ 중요 표현 복습하기

어휘 복습 TEST

❶ vivid _____

❷ genetic _____

❸ difference _____

❹ fish tank _____

❺ gold fish _____

❻ carp _____

❼ visible _____

❽ predator _____

❾ Buddhist _____

❿ monk _____

⓫ pond _____

⓬ natural predator _____

어휘 복습 ANSWER

❶ vivid 선명한, 생생한, 활발한

❷ genetic 유전의, 유전학의

❸ difference 차이, 다름

❹ fish tank 수조

❺ gold fish 금붕어

❻ carp 잉어, (~에게) 투덜거리다

❼ visible 보이는, 알아볼 수 있는

❽ predator 포식자, 포식동물, 약탈자

❾ Buddhist 불교, 불교 신자

❿ monk 승려, 수도승

⓫ pond 연못

⓬ natural predator 천적

④ 지문 해석 확인하기

금붕어는 수조에서 헤엄치기 전에 실제로 많은 중국 가정에서 저녁 식사로 제공되었다. 우리가 지금 알고 있는 금붕어는 은회색의 야생 잉어의 재배종이다. '치(chi)'로 알려진 야생 잉어는 중국에서 가장 자주 먹는 어종이었다. (야생에서, 그들은 때때로 유전적 차이로 인해 선명한 빨간색, 노란색 또는 주황색 비늘을 가진 것처럼 보였다.) 이러한 색은 쉽게 눈에 띄었기 때문에, 이 물고기들은 빠르게 공격을 받고 포식자에게 잡아먹히곤 했다. 그러나, 9세기경부터 불교 승려들이 연못에 밝은색의 치(chi)를 기르기 시작하면서 천적들로부터 이 물고기를 안전하게 지켜 주었다. 머지 않아 중국 전역에서 점점 더 많은 사람이 저녁 식사로 그것들을 준비하는 대신에 애완동물로 치(chi)를 기르기 시작했다.

Unit 02 | 2025년 출제 기조 전환 연습 문제 ❹

1 문제 풀어보기

04 주어진 문장이 들어갈 위치로 가장 적절한 것은?   ⏰ 제한시간 1분 30초 ~ 2분

Those tortoises can then survive with stored water throughout the dry season.

All living creatures suffer from water shortages. However, some animals, especially those in dry season areas, have remarkable adaptability to help them survive in dry conditions. (①) Two such animals, the Galapagos tortoise and the desert tortoise, store water in their bladder. (②) Other animals that live in dry climates have the adaptability to trap water. (③) For example, a special type of toad in North America called the desert spadefoot toad spends 75% of its time deep underground. (④) There, the toad wraps itself in a sticky, temporary skin that prevents water from escaping. After more than nine months, during the rainy season, the spadefoot toad emerges again.

② 문제 풀이 전략 학습하기

'문장 삽입' 문제 풀이 전략

STEP ① 주어진 문장 확인 & 맥락 예측하기

✎ 주어진 보기 문장을 먼저 읽고 무엇에 관한 내용을 확인하고 주어진 문장 앞 또는 뒤에 나올 내용을 예측하기

STEP ② 문장과 문장 사이의 연결 관계를 확인하고 논리적 단절 찾기

주어진 문장	**Those tortoises can then survive with stored water** throughout the dry season. 그 거북이들은 건기 동안 저장된 물로 살아남을 수 있다.

All living creatures suffer from water shortages.
모든 살아있는 생명체는 물 부족에 어려움을 겪는다.

However, **some animals**, especially those in dry season areas, have remarkable adaptability to help them survive in dry conditions.
그러나 특히 건기가 있는 지역의 일부 동물들은 건조한 환경에서 생존하는 데 도움이 되는 놀라운 적응력을 가지고 있다.

(①) **Two such animals**, the Galapagos tortoise and the desert tortoise, **store water in their bladder**.
그러한 두 동물인, 갈라파고스 거북과 사막 거북은 그들의 방광에 물을 저장한다.

(②) **Other animals** that live in dry climates have the adaptability to trap water.
건기 기후에서 사는 다른 동물들도 물을 가두는 적응력을 가지고 있다.

(③) **For example**, a special type of toad in North America called **the desert spadefoot toad** spends 75% of its time deep underground.
예를 들어, 사막 쟁기발개구리라고 불리는 북아메리카의 특별한 종류의 두꺼비는 자기 시간의 75%를 땅속 깊은 곳에서 보낸다.

(④) **There**, **the toad** wraps itself in a sticky, temporary skin that prevents water from escaping.
그곳에서, 이 두꺼비는 물이 빠져나가는 것을 막아주는 끈적끈적한 일시적인 피부로 자신을 감싼다.

After more than nine months, during the rainy season, the spadefoot toad emerges again.
9개월 이상이 지난 후 우기 동안, 쟁기발개구리는 다시 나타난다.

STEP ③ 지문 검토하기

✎ 주어진 문장을 삽입한 후 글의 흐름이 자연스러운지 확인하기

정답 ②

난이도 ▮▮▮▮▯

③ 중요 표현 복습하기

어휘 복습 TEST

1 tortoise _____

2 store _____

3 dry season _____

4 suffer from _____

5 remarkable _____

6 adaptability _____

7 bladder _____

8 trap _____

9 toad _____

10 underground _____

11 sticky _____

12 temporary _____

13 escape _____

14 rainy season _____

어휘 복습 ANSWER

1 tortoise (육지 또는 민물에 사는) 거북

2 store 저장하다, 기억하다, 가게, 상점

3 dry season 건기

4 suffer from ~로 고통을 받다

5 remarkable 놀라운, 주목할 만한

6 adaptability 적응성, 융통성

7 bladder 방광, 주머니

8 trap 가두다, 덫, 올가미

9 toad 두꺼비

10 underground 땅속, 지하, 지하의

11 sticky 끈적끈적한, 붙일 수 있는

12 temporary 일시적인, 임시의

13 escape 빠져 나오다, 탈출하다, 탈출, 도피

14 rainy season 우기, 장마철

④ 지문 해석 확인하기

모든 살아있는 생명체는 물 부족에 어려움을 겪는다. 그러나 특히 건기가 있는 지역의 일부 동물들은 건조한 환경에서 생존하는 데 도움이 되는 놀라운 적응력을 가지고 있다. 그러한 두 동물, 갈라파고스 거북과 사막 거북은 그들의 방광에 물을 저장한다. (그 거북이들은 건기 동안 저장된 물로 살아남을 수 있다.) 건기 기후에서 사는 다른 동물들도 물을 가두는 적응력을 가지고 있다. 예를 들어, 사막 쟁기발개구리라고 불리는 북아메리카의 특별한 종류의 두꺼비는 자기 시간의 75%를 땅속 깊은 곳에서 보낸다. 그곳에서, 이 두꺼비는 물이 빠져나가는 것을 막아주는 끈적끈적한 일시적인 피부로 자신을 감싼다. 9개월 이상이 지난 후 우기 동안, 쟁기발개구리는 다시 나타난다.

Unit 02 | 2025년 출제 기조 전환 연습 문제 ❺

1 문제 풀어보기

05 주어진 문장이 들어갈 위치로 가장 적절한 것은?   🕐 제한시간 1분 30초 ~ 2분

This is because it was not the quality of the device that people were jealous of — in fact, the problem was moral, not mechanical.

Today, most of us take the zipper on our clothes for granted, but when this technology was first invented, some people found it unattractive. (①) In 1893, the first patent for a given zipper went to an engineer in Chicago. (②) At that time, the device he devised did not move very smoothly. (③) An improved version was introduced in 1913, but the public was still hesitant to accept it. (④) Because of people who thought the need to quickly put on and take off clothes was a problem, zippers were considered poor, even though they provided convenience in putting on and taking off clothes. For this reason, the use of zippers took time to spread.

② 문제 풀이 전략 학습하기

'문장 삽입' 문제 풀이 전략

STEP ① 주어진 문장 확인 & 맥락 예측하기

✎ 주어진 보기 문장을 먼저 읽고 무엇에 관한 내용을 확인하고 주어진 문장 앞 또는 뒤에 나올 내용을 예측하기

STEP ② 문장과 문장 사이의 연결 관계를 확인하고 논리적 단절 찾기

주어진 문장	**This is because it was not the quality of the device** that people were jealous of — in fact, **the problem was moral, not mechanical.** 이것은 사람들이 시샘하는 것이 그 장치의 품질이 아니었기 때문이다 — 사실, 문제는 기계적인 부분이 아니라, 도덕적인 것이었다.

Today, most of us take the zipper on our clothes for granted, but when **this technology was first invented**, some people found it unattractive.

오늘날 우리 대부분은 옷에 달린 지퍼를 당연하게 여기지만, 이 기술이 처음 발명되었을 때 일부 사람들은 그것이 매력적이지 못하다고 생각했다.

(①) **In 1893**, **the first patent** for a given zipper went to an engineer in Chicago.

1893년에 주어진 지퍼에 대한 최초의 특허는 시카고의 한 기술자에게 주어졌다.

(②) **At that time**, **the device he devised did not move very smoothly**.

그 당시에 그가 고안한 장치는 그다지 부드럽게 움직이지 않았다.

(③) **An improved version was introduced in 1913**, **but the public was still hesitant to accept it**.

1913년에 개선된 버전이 소개되었지만, 대중은 여전히 그것을 받아들이기를 망설였다.

(④) Because of people who thought **the need to quickly put on and take off clothes was a problem**, zippers were considered poor, **even though they provided convenience in putting on and taking off clothes**.

빠르게 옷을 입고 벗는 욕구가 문제라고 생각한 사람들 때문에, 지퍼는 옷을 입고 벗는 데 편리함을 제공함에도 불구하고 보잘것없는 것으로 여겨졌다.

For this reason, the use of zippers took time to spread.

이런 이유로, 지퍼의 사용은 확산되는 데 시간이 걸렸다.

STEP ③ 지문 검토하기

✎ 주어진 문장을 삽입한 후 글의 흐름이 자연스러운지 확인하기

정답 ④

난이도 ▮▮▮

③ 중요 표현 복습하기

어휘 복습 TEST

❶ jealous _____

❷ moral _____

❸ take for granted _____

❹ invent _____

❺ unattractive _____

❻ patent _____

❼ introduce _____

❽ hesitant _____

❾ put on _____

❿ take off _____

⓫ convenience _____

⓬ for this reason _____

⓭ spread _____

어휘 복습 ANSWER

❶ jealous 시샘하는, 질투하는

❷ moral 도덕적인, 도의적인

❸ take for granted 당연하게 여기다

❹ invent 발명하다, 지어내다

❺ unattractive 매력적이지 못한

❻ patent 특허권[증], 특허의

❼ introduce 소개하다

❽ hesitant 주저하는, 망설이는

❾ put on (옷 등을) 입다

❿ take off (옷 등을) 벗다, 이륙하다, 쉬다

⓫ convenience 편리, 편의 (시설)

⓬ for this reason 이런 이유로

⓭ spread 확산, 전파, 펼치다

④ 지문 해석 확인하기

오늘날 우리 대부분은 옷에 달린 지퍼를 당연하게 여기지만, 이 기술이 처음 발명되었을 때 일부 사람들은 그것이 매력적이지 못하다고 생각했다. 1893년에 주어진 지퍼에 대한 최초의 특허는 시카고의 한 기술자에게 주어졌다. 그 당시에 그가 고안한 장치는 그다지 부드럽게 움직이지 않았다. 1913년에 개선된 버전이 소개되었지만, 대중은 여전히 그것을 받아들이기를 망설였다. (이것은 사람들이 시샘하는 것이 그 장치의 품질이 아니었기 때문이다 ― 사실, 문제는 기계적인 부분이 아니라, 도덕적인 것이었다.) 빠르게 옷을 입고 벗는 욕구가 문제라고 생각한 사람들 때문에, 지퍼는 옷을 입고 벗는 데 편리함을 제공함에도 불구하고 보잘것없는 것으로 여겨졌다. 이런 이유로, 지퍼의 사용은 확산되는 데 시간이 걸렸다.

Unit 02 | 2025년 출제 기조 전환 연습 문제 ❻

① 문제 풀어보기

06 주어진 문장이 들어갈 위치로 가장 적절한 것은? 〈제한시간 1분 30초 ~ 2분〉

Instead, it uses an ionic liquid with moderate pressure and temperature to break down pieces of both soft and hard wood.

According to an environmental journal, scientists at Queen's University in Belfast have developed a more environmentally friendly method of decomposing wood to obtain various ingredients. (①) The method was developed in the 19th century, and involves the use of dangerous chemicals that pollute the environment. Nevertheless, until now, there has been no suitable alternative. (②) Several possible alternative processes have been proposed, but they have been equally detrimental to the environment. (③) However, the new process does not require any chemicals that cause pollution. (④) Then a mixture of water and water acetone is added, which separates lignin and cellulose, which are the main components of wood.

② 문제 풀이 전략 학습하기

'문장 삽입' 문제 풀이 전략

STEP ① 주어진 문장 확인 & 맥락 예측하기

✎ 주어진 보기 문장을 먼저 읽고 무엇에 관한 내용을 확인하고 주어진 문장 앞 또는 뒤에 나올 내용을 예측하기

STEP ② 문장과 문장 사이의 연결 관계를 확인하고 논리적 단절 찾기

주어진 문장	**Instead**, it uses an ionic liquid with moderate pressure and temperature to break down pieces of both soft and hard wood. 대신에, 이것은 적당한 압력과 온도에서 이온 액체를 사용하여 부드러운 목재와 단단한 목재의 조각을 분해한다.

According to an environmental journal, scientists at Queen's University in Belfast have developed **a more environmentally friendly method** of decomposing wood to obtain various ingredients.

환경 학술지에 따르면, Belfast에 있는 Queen's 대학의 과학자들이 다양한 성분들을 얻기 위해 목재를 분해하는 더욱 환경 친화적인 방법을 개발했다.

(①) **The method** was developed in the 19th century, and involves the use of dangerous chemicals that pollute the environment.

이 방법은 19세기에 개발되었는데, 환경을 오염시키는 위험한 화학 물질의 사용을 포함한다.

Nevertheless, until now, there has been no suitable alternative.

그럼에도 불구하고, 지금까지 적절한 대안이 없었다.

(②) **Several possible alternative processes** have been proposed, but **they** have been equally **detrimental to the environment**.

여러 가지 가능성 있는 대체 공정들이 제안되었지만, 그것들도 마찬가지로 환경에 해로웠다.

(③) **However**, **the new process does not require any chemicals that cause pollution**.

하지만, 새로운 공정은 오염을 일으키는 어떤 화학 물질도 필요로 하지 않는다.

(④) **Then** a mixture of water and water acetone is added, which separates lignin and cellulose, which are the main components of wood.

그 다음에 목재의 주성분인 리그닌과 셀룰로오스를 분리해 주는 물과 물 아세톤의 혼합물을 첨가한다.

STEP ③ 지문 검토하기

✎ 주어진 문장을 삽입한 후 글의 흐름이 자연스러운지 확인하기

정답 ④

난이도 |▮▮▮|

③ 중요 표현 복습하기

어휘 복습 TEST

① ionic _____
② liquid _____
③ moderate _____
④ decompose _____
⑤ ingredient _____
⑥ chemical _____

⑦ pollute _____
⑧ suitable _____
⑨ alternative _____
⑩ process _____
⑪ detrimental _____
⑫ cause _____
⑬ component _____

어휘 복습 ANSWER

① ionic 이온의
② liquid 액체, 액체의, 유동적인
③ moderate 정당한, 보통의, 중간의, 완화하다, 누그러지다
④ decompose 분해하다, 부패되다
⑤ ingredient 성분, 재료, 구성 요소
⑥ chemical 화학 물질, 화학의

⑦ pollute 오염시키다
⑧ suitable 적절한, 적합한
⑨ alternative 대체 가능한, 대안이 되는, 대안, 대체
⑩ process 공정, 절차, 과정, 가공하다, 처리하다
⑪ detrimental 해로운
⑫ cause 일으키다, 초래하다, 원인, 이유
⑬ component 성분, 요소, 부품

④ 지문 해석 확인하기

환경 학술지에 따르면, Belfast에 있는 Queen's 대학의 과학자들이 다양한 성분들을 얻기 위해 목재를 분해하는 더욱 환경 친화적인 방법을 개발했다. 이 방법은 19세기에 개발되었는데, 환경을 오염시키는 위험한 화학 물질의 사용을 포함한다. 그럼에도 불구하고, 지금까지 적절한 대안이 없었다. 여러 가지 가능성 있는 대체 공정들이 제안되었지만, 그것들도 마찬가지로 환경에 해로웠다. 하지만, 새로운 공정은 오염을 일으키는 어떤 화학 물질도 필요로 하지 않는다. (대신에, 이것은 적당한 압력과 온도에서 이온 액체를 사용하여 부드러운 목재와 단단한 목재의 조각을 분해한다.) 그 다음에 목재의 주성분인 리그닌과 셀룰로오스를 분리해 주는 물과 물 아세톤의 혼합물을 첨가한다.

Unit 02 | 2025년 출제 기조 전환 연습 문제 ❼

1 문제 풀어보기

07 주어진 문장이 들어갈 위치로 가장 적절한 것은? ⏱ 제한시간 1분 30초 ~ 2분

Those who seek to prevent labor exploitation are well-intentioned, but do not deal with the problem in a way that makes a real difference.

Slavery today looks different from slavery of the past. There is no physical chain that keeps modern slaves from leaving their workplaces. (①) However, these workers have no choice but to continue working in labor exploitation factories to avoid a life of punishment or poverty. (②) They work hard in harsh conditions to make what we buy, and endure abuse every day, earning barely a few pennies an hour. (③) If we really want to get rid of modern slavery, we have to try to change the global economic system that values profit more. (④) Consumers in developed countries and around the world must recognize their role in what happens in these exploitative factories and pay the true cost of products to stop modern slavery.

② 문제 풀이 전략 학습하기

'문장 삽입' 문제 풀이 전략

STEP ① 주어진 문장 확인 & 맥락 예측하기

✏ 주어진 보기 문장을 먼저 읽고 무엇에 관한 내용을 확인하고 주어진 문장 앞 또는 뒤에 나올 내용을 예측하기

STEP ② 문장과 문장 사이의 연결 관계를 확인하고 논리적 단절 찾기

주어진 문장	Those who seek to **prevent labor exploitation** are well-intentioned, **but do not deal with the problem in a way that makes a real difference**. 노동 착취를 막으려는 사람들은 선의를 가지고 있지만, 실질적인 변화를 만드는 방식으로 문제를 다루지는 않는다.

Slavery today looks different from slavery of the past.
오늘날의 노예 제도는 과거의 노예 제도와는 달라 보인다.
There is **no physical chain** that keeps **modern slaves** from leaving their workplaces.
현대의 노예들을 그들의 일터에서 떠나지 못하게 하는 물리적인 사슬은 없다.
(①) **However**, **these workers** have no choice but to **continue working** in labor exploitation factories to avoid a life of punishment or poverty.
그러나, 이러한 노동자들은 처벌이나 가난한 삶을 피하기 위해 노동 착취 공장에서 계속 일할 수밖에 없다.
(②) **They work hard in harsh conditions** to make what we buy, and endure abuse every day, earning barely a few pennies an hour.
그들은 우리가 사는 물건을 만들기 위해 가혹한 환경에서 힘들게 일하고, 한 시간에 겨우 몇 푼을 벌면서 날마다 학대를 견딘다.
(③) **If we really want to get rid of modern slavery**, **we have to try to change the global economic system** that values profit more.
만약 우리가 정말로 현대의 노예 제도를 없애고 싶다면, 이익을 더 중요하게 여기는 세계 경제 체제를 바꾸려고 노력해야 한다.
(④) **Consumers** in developed countries and around the world **must recognize their role** in what happens in these exploitative factories and pay the true cost of products **to stop modern slavery**.
선진국들과 전 세계 소비자들은 이 착취 공장에서 일어나는 일에 대한 자신들이 하는 역할을 인정하고 현대의 노예 제도를 멈추기 위해 제품의 진정한 비용을 지불해야 한다.

STEP ③ 지문 검토하기

✏ 주어진 문장을 삽입한 후 글의 흐름이 자연스러운지 확인하기

정답 ③

난이도 ▮▮▯

③ 중요 표현 복습하기

어휘 복습 TEST

❶ exploitation		❼ harsh	
❷ well intentioned		❽ abuse	
❸ deal with		❾ get rid of	
❹ slavery		❿ developed	
❺ physical		⓫ recognize	
❻ poverty		⓬ exploitative	

어휘 복습 ANSWER

❶ exploitation	착취, (부당한) 이용	❼ harsh	가혹한, 혹독한
❷ well intentioned	선의의, 선의에서 한	❽ abuse	학대, 남용, 학대하다, 남용하다
❸ deal with	다루다, 처리하다	❾ get rid of	없애다, 제거하다
❹ slavery	노예 제도, 노예	❿ developed	발달한, 선진의
❺ physical	물리적인, 신체의	⓫ recognize	인정하다, 인식하다
❻ poverty	가난, 빈곤, 부족	⓬ exploitative	착취하는

④ 지문 해석 확인하기

오늘날의 노예 제도는 과거의 노예 제도와는 달라 보인다. 현대의 노예들을 그들의 일터에서 떠나지 못하게 하는 물리적인 사슬은 없다. 그러나, 이러한 노동자들은 처벌이나 가난한 삶을 피하기 위해 노동 착취 공장에서 계속 일할 수밖에 없다. 그들은 우리가 사는 물건을 만들기 위해 가혹한 환경에서 힘들게 일하고, 한 시간에 겨우 몇 푼을 벌면서 날마다 학대를 견딘다. (노동 착취를 막으려는 사람들은 선의를 가지고 있지만, 실질적인 변화를 만드는 방식으로 문제를 다루지는 않는다.) 만약 우리가 정말로 현대의 노예 제도를 없애고 싶다면, 이익을 더 중요하게 여기는 세계 경제 체제를 바꾸려고 노력해야 한다. 선진국들과 전 세계 소비자들은 이 착취 공장에서 일어나는 일에 대한 자신들이 하는 역할을 인정하고 현대의 노예 제도를 멈추기 위해 제품의 진정한 비용을 지불해야 한다.

Unit 02 | 2025년 출제 기조 전환 연습 문제 ⑧

① 문제 풀어보기

08 주어진 문장이 들어갈 위치로 가장 적절한 것은?

⏱ 제한시간 1분 30초 ~ 2분

The researchers hypothesized that the absence of physical interaction was responsible.

During the 19th century, people began to realize that physical contact was essentially necessary for humans. (①) In the United States, many infants in orphanages began to die in mysterious situations during this period. (②) Despite receiving food and care, the infants continued to lose weight and eventually died. (③) By 1920, almost all infants under the age of one who were placed in orphanages had been observed to die from this mysterious disease. (④) Unlike infants who spend a lot of time in their parents' arms at home, infants in orphanages lacked this physical connection. Based on this hypothesis, carrying infants several times a day by orphanage workers quickly and significantly reduced their mortality rate.

② 문제 풀이 전략 학습하기

'문장 삽입' 문제 풀이 전략

STEP ① 주어진 문장 확인 & 맥락 예측하기

✏️ 주어진 보기 문장을 먼저 읽고 무엇에 관한 내용을 확인하고 주어진 문장 앞 또는 뒤에 나올 내용을 예측하기

STEP ② 문장과 문장 사이의 연결 관계를 확인하고 논리적 단절 찾기

주어진 문장	The researchers **hypothesized** that **the absence of physical interaction** was responsible. 연구자들은 신체적 상호작용의 부재가 원인이라고 가설을 세웠다.

During the 19th century, people began to realize that physical contact was essentially necessary for humans.

19세기 동안 사람들은 신체적 접촉이 인간에게 본질적으로 필요하다는 것을 깨닫기 시작했다.

(※) In the United States, many infants in orphanages began to **die** in mysterious situations during **this period**.

미국에서는 이 기간 동안 많은 고아원 내 유아들이 불가사의한 상황에서 죽기 시작했다.

(②) Despite receiving food and care, **the infants continued to lose weight and eventually died**.

음식과 보살핌을 받았음에도 불구하고, 유아들은 계속해서 체중이 줄어들다가 결국 사망했다.

(③) By 1920, almost all infants under the age of one who were placed in orphanages had been observed to **die from this mysterious disease**.

1920년까지 고아원에 수용된 1세 미만의 유아들 거의 모든 유아들이 불가사의한 질병으로 사망하는 것이 관찰되었다.

(④) Unlike infants who spend a lot of time in their parents' arms at home, infants in orphanages **lacked this physical connection**.

집에서 부모의 품에서 많은 시간을 보내는 유아들과 달리 고아원의 유아들은 이러한 신체적 접촉이 부족했다.

Based on **this hypothesis**, carrying infants several times a day by orphanage workers quickly and significantly reduced their mortality rate.

이러한 가설을 바탕으로 고아원 직원들이 하루에 몇 번씩 유아들을 돌보는 것은 그들의 사망률을 빠르고 크게 감소시켰다.

STEP ③ 지문 검토하기

✏️ 주어진 문장을 삽입한 후 글의 흐름이 자연스러운지 확인하기

정답 ④

난이도 🔋

③ 중요 표현 복습하기

어휘 복습 TEST

① hypothesize _____

② absence _____

③ responsible _____

④ necessary _____

⑤ infant _____

⑥ orphanage _____

⑦ eventually _____

⑧ under the age of _____

⑨ observe _____

⑩ unlike _____

⑪ lack _____

⑫ physical _____

⑬ hypothesis _____

⑭ mortality rate _____

어휘 복습 ANSWER

① hypothesize 가설을 세우다[제기하다]

② absence 부재, 결핍, 없음, 결석

③ responsible 원인이 되는, 책임이 있는

④ necessary 필요한, 필연적인, 불가피한

⑤ infant 유아, 아기, 유아용의, 초기의

⑥ orphanage 고아원

⑦ eventually 결국, 마침내

⑧ under the age of ~의 나이 미만의

⑨ observe 관찰하다, 보다

⑩ unlike ~와는 달리, ~와 다른

⑪ lack 부족하다, ~이 없다, 부족, 결핍

⑫ physical 신체[육체]의, 물질[물리]적인

⑬ hypothesis 가설, 추정

⑭ mortality rate 사망률

④ 지문 해석 확인하기

19세기 동안 사람들은 신체적 접촉이 인간에게 본질적으로 필요하다는 것을 깨닫기 시작했다. 미국에서는 이 기간 동안 많은 고아원 내 유아들이 불가사의한 상황에서 죽기 시작했다. 음식과 보살핌을 받았음에도 불구하고, 유아들은 계속해서 체중이 줄어들다가 결국 사망했다. 1920년까지 고아원에 수용된 1세 미만의 유아들 거의 모든 유아들이 불가사의한 질병으로 사망하는 것이 관찰되었다. (연구자들은 신체적 상호작용의 부재가 원인이라고 가설을 세웠다.) 집에서 부모의 품에서 많은 시간을 보내는 유아들과 달리 고아원의 유아들은 이러한 신체적 접촉이 부족했다. 이러한 가설을 바탕으로 고아원 직원들이 하루에 몇 번씩 유아들을 돌보는 것은 그들의 사망률을 빠르고 크게 감소시켰다.

Unit 02 | 2025년 출제 기조 전환 연습 문제 ❾

1 문제 풀어보기

09 주어진 문장이 들어갈 위치로 가장 적절한 것은? 제한시간 1분 30초 ~ 2분

At the same time, it must be acknowledged that giving can be used for selfish or bad purposes.

Giving is recognized as a virtue in all major religions and in all civilized societies, and it certainly benefits both givers and receivers. (①) The recipient is saved from the intense pain of deprivation, and the giver can be comforted from the joy that his gift brings to others. (②) When we have a will to inflate the image they have on us, in order to gain fame and make others consider us noble or holy, we tarnish the act. (③) What we are doing in that case is not generosity, but a desire to gain power and strength. (④) Similarly, a person who gives a lot may not be as generous as a person who gives nothing. It all depends on the giver's means and motivation.

2 문제 풀이 전략 학습하기

'문장 삽입' 문제 풀이 전략

STEP ① 주어진 문장 확인 & 맥락 예측하기

✎ 주어진 보기 문장을 먼저 읽고 무엇에 관한 내용을 확인하고 주어진 문장 앞 또는 뒤에 나올 내용을 예측하기

STEP ② 문장과 문장 사이의 연결 관계를 확인하고 논리적 단절 찾기

주어진 문장	At the same time, it must be acknowledged that giving can **be used for selfish or bad purposes**. 동시에 주는 것이 이기적이거나 나쁜 목적으로 사용될 수 있다는 것을 인정해야 한다.

Giving is recognized as a virtue in all major religions and in all civilized societies, and **it certainly benefits both givers and receivers**.

주는 것은 모든 주요 종교와 모든 문명화된 사회에서 미덕으로 인식되며, 이는 분명히 주는 사람과 받는 사람 모두에게 이익이 된다.

(①) **The recipient is saved** from the intense pain of deprivation, **and the giver can be comforted** from the joy that his gift brings to others.

받는 사람은 극심한 결핍의 고통에서 벗어나게 되고, 주는 사람은 그의 선물이 다른 사람들에게 가져다주는 기쁨에서 위안을 얻을 수 있다.

(②) When we have a will to inflate the image they have on us, **in order to gain fame and make others consider us noble or holy**, we **tarnish the act**.

우리가 명성을 얻고 다른 사람들이 우리를 고귀하거나 성스럽게 여기게 하기 위해서 그들이 우리에게 가지고 있는 이미지를 과장하고자 하는 의지가 있을 때, 우리는 그 행위를 손상시킨다.

(③) What we are doing in that case is **not generosity**, but a desire **to gain power and strength**.

그런 경우에 우리가 하고 있는 것은 관대함이 아니라 권력과 힘을 얻고자 하는 욕망이다.

(④) **Similarly**, a person who gives a lot may **not be as generous** as a person who gives nothing.

마찬가지로, 많이 주는 사람이 아무 것도 주지 않는 사람보다 더 관대하지 않을 수도 있다.

It all depends on the giver's means and motivation.

이것은 모든 것을 주는 사람의 수단과 동기에 달려 있다.

STEP ③ 지문 검토하기

✎ 주어진 문장을 삽입한 후 글의 흐름이 자연스러운지 확인하기

정답 ②

난이도 ▮▮▯

③ 중요 표현 복습하기

어휘 복습 TEST

① acknowledge _____

② selfish _____

③ will _____

④ virtue _____

⑤ religious _____

⑥ civilized _____

⑦ recipient _____

⑧ intense _____

⑨ deprivation _____

⑩ inflate _____

⑪ noble _____

⑫ tarnish _____

⑬ generosity _____

⑭ means _____

어휘 복습 ANSWER

① acknowledge 인정하다, 감사하다

② selfish 이기적인

③ will 의지, 유언(장)

④ virtue 미덕, 덕목, 선행, 장점

⑤ religious 종교의, 독실한

⑥ civilized 문명화된

⑦ recipient 받는 사람, 수령인

⑧ intense 극심한, 강렬한, 진지한

⑨ deprivation 부족, 박탈

⑩ inflate 과장하다, 부풀리다

⑪ noble 고귀한, 숭고한, 웅장한, 상류층, 귀족

⑫ tarnish 손상시키다, 더럽히다, 흐려지다

⑬ generosity 관대함, 너그러움

⑭ means 수단, 방법, 재산, 수입

④ 지문 해석 확인하기

주는 것은 모든 주요 종교와 모든 문명화된 사회에서 미덕으로 인식되며, 이는 분명히 주는 사람과 받는 사람 모두에게 이익이 된다. 받는 사람은 극심한 결핍의 고통에서 벗어나게 되고, 주는 사람은 그의 선물이 다른 사람들에게 가져다주는 기쁨에서 위안을 얻을 수 있다. (동시에 주는 것이 이기적이거나 나쁜 목적으로 사용될 수 있다는 것을 인정해야 한다.) 우리가 명성을 얻고 다른 사람들이 우리를 고귀하거나 성스럽게 여기게 하기 위해서 그들이 우리에게 가지고 있는 이미지를 과장하고자 하는 의지가 있을 때, 우리는 그 행위를 손상시킨다. 그런 경우에 우리가 하고 있는 것은 관대함이 아니라 권력과 힘을 얻고자 하는 욕망이다. 마찬가지로, 많이 주는 사람이 아무 것도 주지 않는 사람보다 더 관대하지 않을 수도 있다. 이것은 모든 것을 주는 사람의 수단과 동기에 달려 있다.

Unit 02 | 2025년 출제 기조 전환 연습 문제 ❿

① 문제 풀어보기

10 주어진 문장이 들어갈 위치로 가장 적절한 것은? 🕐 제한시간 1분 30초 ~ 2분

People often carry so many unnecessary dead trees in the form of some unnecessary possession that they actively help disrupt their private development.

You may have heard the expression 'cut off dead trees'. (①) When a tree is cut down and thinned, it produces new, stronger shoots that replenish itself. (②) Similarly, when pruning, roses will grow much more vigorously as a result and thrive better than before pruning. (③) Just like rose trees, when people are full of unnecessary things, they lose the opportunity to grow something new. (④) Feel the freedom that comes from cutting away dead wood and having the courage to do so, then let your life breathe again.

② 문제 풀이 전략 학습하기

'문장 삽입' 문제 풀이 전략

STEP ① 주어진 문장 확인 & 맥락 예측하기

✍ 주어진 보기 문장을 먼저 읽고 무엇에 관한 내용을 확인하고 주어진 문장 앞 또는 뒤에 나올 내용을 예측하기

STEP ② 문장과 문장 사이의 연결 관계를 확인하고 논리적 단절 찾기

주어진 문장	**People often carry so many unnecessary dead trees in the form of some unnecessary possession that they actively help disrupt their private development.** 사람들은 종종 불필요한 소유물의 형태로 너무 많은 불필요한 죽은 나무를 가지고 다니며, 이는 그들의 개인적인 발전을 방해하는 데 적극적으로 기여한다.

You may have heard the expression '**cut off dead trees**'.
당신은 '죽은 나무를 잘라 내라'라는 표현을 들어본 적이 있을 것이다.
(①) When **a tree is cut down** and thinned, it produces new, stronger shoots that replenish itself.
나무를 잘라 내고 솎아내면 그것은 스스로를 보충하는 새롭고 더 강한 새싹을 만들어 낸다.
(②) **Similarly**, **when pruning**, roses will grow much more vigorously as a result and thrive better than before pruning.
마찬가지로 가지치기할 때 장미는 그 결과 훨씬 더 왕성하게 자라서 가지치기 전보다 더 잘 번성할 것이다.
(③) Just like rose trees, **when people are full of unnecessary things**, **they lose the opportunity to grow something new**.
장미나무처럼 사람들도 불필요한 것들로 가득 차 있으면, 그들은 새로운 것을 성장시킬 기회를 잃게 된다.
(④) Feel the freedom that comes from cutting away dead wood and having the courage to do so, then let your life breathe again.
죽은 나무를 잘라 내고 그런 용기를 내서 얻는 자유를 느끼고, 그러면 당신의 생명을 다시 불어넣어 보아라.

STEP ③ 지문 검토하기

✍ 주어진 문장을 삽입한 후 글의 흐름이 자연스러운지 확인하기

정답 ③

난이도 ▮▮▯

③ 중요 표현 복습하기

어휘 복습 TEST

❶ unnecessary _____

❷ possession _____

❸ disrupt _____

❹ private _____

❺ cut off _____

❻ thin _____

❼ replenish _____

❽ vigorously _____

❾ prune _____

❿ freedom _____

⓫ courage _____

⓬ breathe _____

어휘 복습 ANSWER

❶ unnecessary 불필요한, 쓸데없는

❷ possession 소유(물), 소지(품)

❸ disrupt 방해하다, 지장을 주다

❹ private 개인적인, 사유의, 은밀한

❺ cut off 잘라 내다, 차단하다

❻ thin 솎다, 줄어들다, 옅어지다, 얇은, 마른

❼ replenish 보충하다, 다시 채우다

❽ vigorously 왕성하게, 힘차게, 발랄하게

❾ prune (불필요한 부분을) 가지치기하다

❿ freedom 자유

⓫ courage 용기

⓬ breathe (생기 등을) 불어넣다, 호흡하다, 숨쉬다

④ 지문 해석 확인하기

당신은 '죽은 나무를 잘라 내라'라는 표현을 들어본 적이 있을 것이다. 나무를 잘라 내고 솎아내면 그것은 스스로를 보충하는 새롭고 더 강한 새싹을 만들어 낸다. 마찬가지로 가지치기할 때 장미는 그 결과 훨씬 더 왕성하게 자라서 가지치기 전보다 더 잘 번성할 것이다. (사람들은 종종 불필요한 소유물의 형태로 너무 많은 불필요한 죽은 나무를 가지고 다니며, 이는 그들의 개인적인 발전을 방해하는 데 적극적으로 기여한다.) 장미나무처럼 사람들도 불필요한 것들로 가득 차 있으면, 그들은 새로운 것을 성장시킬 기회를 잃게 된다. 죽은 나무를 잘라 내고 그런 용기를 내서 얻는 자유를 느끼고, 그러면 당신의 생명을 다시 불어넣어 보아라.

진가영 영어
신경향 독해 마스터 시즌 2

단일형 문항 ④
순서 배열

단일형 문항 ❹ 순서 배열

Unit 01 | 2025년 출제 기조 전환 예시 문제

① 문제 풀어보기

01 주어진 글 다음에 이어질 글의 순서로 가장 적절한 것은?

🕐 제한시간 1분 30초 ~ 2분

2025년 출제 기조 전환 예시 문제 18번

> Before anyone could witness what had happened, I shoved the loaves of bread up under my shirt, wrapped the hunting jacket tightly about me, and walked swiftly away.

> (A) When I dropped them on the table, my sister's hands reached to tear off a chunk, but I made her sit, forced my mother to join us at the table, and poured warm tea.
>
> (B) The heat of the bread burned into my skin, but I clutched it tighter, clinging to life. By the time I reached home, the loaves had cooled somewhat, but the insides were still warm.
>
> (C) I sliced the bread. We ate an entire loaf, slice by slice. It was good hearty bread, filled with raisins and nuts.

① (A) − (B) − (C)   ② (B) − (A) − (C)

③ (B) − (C) − (A)   ④ (C) − (A) − (B)

② 문제 풀이 전략 학습하기

'순서 배열' 문제 풀이 전략

STEP ① 선택지 확인 & 주어진 문장 확인하기

✏ 주어진 보기 문장을 먼저 읽고 무엇에 관한 내용인지 확인하기
✏ 주어진 명사에 특히 강조점을 두고 뒤에 이어질 내용을 예측하기

STEP ② [A], [B], [C] 첫 문장 확인 후 주어진 문장과 연결 여부 확인하기

✏ 문장 간 연결 여부를 확인할 때는 세부 정보, 연결사, 지시사, 대명사를 활용하기

STEP ③ 지문 검토하기(하나의 순서가 결정된 이후 끝 문장에 집중하며 다음 순서 정하기)

주어진 문장	Before anyone could witness what had happened, **I shoved the loaves of bread up under my shirt, wrapped the hunting jacket tightly about me**, and walked swiftly away. 누군가가 무슨 일이 일어났는지 목격하기 전에 나는 빵 덩어리들을 내 셔츠 아래로 아무렇게나 넣고 헌팅 재킷을 몸에 꽉 감싸 입고 신속하게 걸어 나갔다.
B	**The heat of the bread burned into my skin, but I clutched it tighter**, clinging to life. By the time **I reached home**, the loaves had cooled somewhat, but the insides were still warm. 빵의 열기가 내 피부 안을 태웠지만, 나는 그것을 더 단단히 꽉 움켜잡고 삶에 매달렸다. 집에 도착할 때쯤, 빵 덩어리들은 약간 식었지만 속은 여전히 따뜻했다.
A	When I dropped them on the table, **my sister's** hands reached to tear off a chunk, but **I made her sit, forced my mother to join us at the table, and poured warm tea**. 내가 그것들을 식탁에 떨어뜨릴 때, 내 누나의 손이 다가와 한 덩어리를 찢으려고 했지만 나는 그녀를 앉히고 식탁에 어머니께서 우리와 함께 하도록 했고, 따뜻한 차를 따랐다.
C	**I sliced the bread. We ate an entire loaf, slice by slice.** It was good hearty bread, filled with raisins and nuts. 나는 빵을 잘랐다. 우리는 한 조각 한 조각씩, 빵 한 덩이 전체를 먹었다. 그것은 건포도와 견과류로 가득찬 좋은 푸짐한 빵이었다.

정답 ②

난이도 ▮▮▯

③ 중요 표현 복습하기

어휘 복습 TEST

❶ witness	_____	❾ chunk	_____
❷ shove	_____	❿ pour	_____
❸ loaves	_____	⓫ entire	_____
❹ swiftly	_____	⓬ loaf	_____
❺ clutch	_____	⓭ hearty	_____
❻ cling to	_____	⓮ filled with	_____
❼ somewhat	_____	⓯ raisin	_____
❽ tear off	_____	⓰ nut	_____

어휘 복습 ANSWER

❶ witness	목격하다, 목격자, 증인	❾ chunk	덩어리
❷ shove	아무렇게나 넣다, 밀치다	❿ pour	(음료를) 따르다[따라 주다], 붓다
❸ loaves	빵 한 덩이(loaf)의 복수형	⓫ entire	전체의, 전부의
❹ swiftly	신속하게, 재빠르게	⓬ loaf	빵 한 덩이, 빈둥거리다
❺ clutch	(꽉) 움켜잡다	⓭ hearty	푸짐한, 원기 왕성한,
❻ cling to	매달리다, 고수하다		애정어린, 친절한
❼ somewhat	약간, 어느 정도, 다소	⓮ filled with	~으로 가득찬
❽ tear off	찢어내다, 떼어내다, ~을 벗기다	⓯ raisin	건포도
		⓰ nut	견과

④ 지문 해석 확인하기

누군가가 무슨 일이 일어났는지 목격하기 전에 나는 빵 덩어리들을 내 셔츠 아래로 아무렇게나 넣고 헌팅 재킷을 몸에 꽉 감싸 입고 신속하게 걸어 나갔다.

(B) 빵의 열기가 내 피부 안을 태웠지만, 나는 그것을 더 단단히 꽉 움켜잡고 삶에 매달렸다. 집에 도착할 때쯤, 빵 덩어리들은 약간 식었지만 속은 여전히 따뜻했다.

(A) 내가 그것들을 식탁에 떨어뜨릴 때, 내 누나의 손이 다가와 한 덩어리를 찢으려고 했지만 나는 그녀를 앉히고 식탁에 어머니 께서 우리와 함께 하도록 했고, 따뜻한 차를 따랐다.

(C) 나는 빵을 잘랐다. 우리는 한 조각 한 조각씩, 빵 한 덩이 전체를 먹었다. 그것은 건포도와 견과류로 가득찬 좋은 푸짐한 빵이었다.

Unit 02 | 2025년 출제 기조 전환 연습 문제 ❶

1 문제 풀어보기

01 주어진 글 다음에 이어질 글의 순서로 가장 적절한 것은?   제한시간 1분 30초 ~ 2분

Researchers have developed a novel type of organic solar cell that outperforms conventional silicon-based solar cells in terms of energy conversion efficiency.

(A) This new organic solar cell technology has the potential to significantly improve the efficiency of solar power generation compared to traditional silicon-based solar cells.

(B) By utilizing organic materials and innovative cell designs, the researchers were able to achieve higher power conversion efficiency than silicon-based solar cells.

(C) The development of this advanced solar cell technology represents an important step forward in the quest for more efficient and cost-effective renewable energy solutions.

① (A) − (B) − (C)   ② (B) − (A) − (C)

③ (B) − (C) − (A)   ④ (C) − (A) − (B)

② 문제 풀이 전략 학습하기

'순서 배열' 문제 풀이 전략

STEP ① 선택지 확인 & 주어진 문장 확인하기

✎ 주어진 보기 문장을 먼저 읽고 무엇에 관한 내용인지 확인하기
✎ 주어진 명사에 특히 강조점을 두고 뒤에 이어질 내용을 예측하기

STEP ② [A], [B], [C] 첫 문장 확인 후 주어진 문장과 연결 여부 확인하기

✎ 문장 간 연결 여부를 확인할 때는 세부 정보, 연결사, 지시사, 대명사를 활용하기

STEP ③ 지문 검토하기(하나의 순서가 결정된 이후 끝 문장에 집중하며 다음 순서 정하기)

주어진 문장	**Researchers** have developed **a novel type of organic solar cell that outperforms conventional silicon-based solar cells** in terms of energy conversion efficiency. 연구자들이 에너지 변환 효율 측면에서 기존의 실리콘 기반 태양전지를 능가하는 새로운 유형의 유기 태양전지를 개발했다.
B	By utilizing **organic materials and innovative cell designs**, **the researchers** were able to **achieve higher power conversion efficiency than silicon-based solar cells**. 유기 물질과 혁신적인 셀 설계를 활용하여 연구자들은 실리콘 기반 태양전지보다 더 높은 전력 변환 효율을 달성할 수 있었다.
A	**This new organic solar cell technology** has the potential to significantly **improve the efficiency of solar power generation** compared to traditional silicon-based solar cells. 이 새로운 유기 태양전지 기술은 기존의 실리콘 기반 태양전지에 비해 태양광 발전의 효율성을 크게 향상시킬 잠재력을 가지고 있다.
C	**The development** of **this advanced solar cell technology** represents an important step forward in the quest for **more efficient** and cost-effective renewable energy solutions. 이 고급 태양전지 기술의 개발은 보다 효율적이고 비용 효과적인 재생 에너지 해결책을 찾기 위한 중요한 진전을 의미한다.

정답 ②

난이도 ▐▐▐▌

③ 중요 표현 복습하기

어휘 복습 TEST

❶ organic solar cell _____

❷ outperform _____

❸ conventional _____

❹ conversion _____

❺ improve _____

❻ generation _____

❼ utilize _____

❽ material _____

❾ innovative _____

❿ advanced _____

⓫ represent _____

⓬ step forward _____

어휘 복습 ANSWER

❶ organic solar cell 유기 태양전지

❷ outperform 능가하다, 더 나은 결과를 내다

❸ conventional 종래의, 관습적인, 형식적인

❹ conversion 전환, 개종

❺ improve 향상시키다, 개선하다, 나아지다

❻ generation 발생, 진전, 세대

❼ utilize 활용하다, 이용하다

❽ material 물질, 재료, 직물, 물질[물리]적인

❾ innovative 혁신적인, 획기적인

❿ advanced 선진의, 고급의, 상급의

⓫ represent 의미하다, 나타내다, 대표하다

⓬ step forward 진전, 진보, 앞으로 내딛다

④ 지문 해석 확인하기

연구자들이 에너지 변환 효율 측면에서 종래의 실리콘 기반 태양전지를 능가하는 새로운 유형의 유기 태양전지를 개발했다.
(B) 유기 물질과 혁신적인 셀 설계를 활용하여 연구자들은 실리콘 기반 태양전지보다 더 높은 전력 변환 효율을 달성할 수 있었다.
(A) 이 새로운 유기 태양전지 기술은 기존의 실리콘 기반 태양전지에 비해 태양광 발전의 효율성을 크게 향상시킬 잠재력을 가지고 있다.
(C) 이 고급 태양전지 기술의 개발은 보다 효율적이고 비용 효과적인 재생 에너지 해결책을 찾기 위한 중요한 진전을 의미한다.

Unit 02 | 2025년 출제 기조 전환 연습 문제 ❷

1 문제 풀어보기

02 주어진 글 다음에 이어질 글의 순서로 가장 적절한 것은? ⏰ 제한시간 1분 30초 ~ 2분

The new electoral reforms were introduced with the aim of increasing voter participation and ensuring fair representation.

(A) Critics, however, expressed concerns about the potential for increased administrative costs and the complexity of implementing the changes.

(B) One of the key features of the reforms was the introduction of online voting, designed to make it easier for people to vote regardless of their location.

(C) Despite these concerns, early results showed a noticeable increase in voter turnout and a more diverse range of candidates being elected.

① (B) − (A) − (C)　　　　　　　② (B) − (C) − (A)

③ (C) − (A) − (B)　　　　　　　④ (C) − (B) − (A)

② 문제 풀이 전략 학습하기

'순서 배열' 문제 풀이 전략

STEP ① 선택지 확인 & 주어진 문장 확인하기

✎ 주어진 보기 문장을 먼저 읽고 무엇에 관한 내용인지 확인하기
✎ 주어진 명사에 특히 강조점을 두고 뒤에 이어질 내용을 예측하기

STEP ② [A], [B], [C] 첫 문장 확인 후 주어진 문장과 연결 여부 확인하기

✎ 문장 간 연결 여부를 확인할 때는 세부 정보, 연결사, 지시사, 대명사를 활용하기

STEP ③ 지문 검토하기(하나의 순서가 결정된 이후 끝 문장에 집중하며 다음 순서 정하기)

주어진 문장	**The new electoral reforms were introduced** with the aim of increasing voter participation and ensuring fair representation. 새로운 선거 개혁은 유권자 참여를 늘리고 공정한 대표를 보장하기 위해 도입되었다.
B	**One of the key features of the reforms was the introduction of online voting**, designed to make it easier for people to vote regardless of their location. 개혁안의 주요 특징 중 하나인 온라인 투표 도입은 사람들의 위치에 상관없이 투표를 쉽게 할 수 있도록 고안되었다.
A	**Critics**, **however**, **expressed concerns** about the potential for increased administrative costs and the complexity of implementing **the changes**. 그러나 비판하는 사람들은 행정 비용 증가 가능성과 변화 시행의 복잡성에 대한 우려를 표명했다.
C	Despite **these concerns**, early results showed **a noticeable increase in voter turnout** and a more diverse range of candidates being elected. 이러한 우려에도 불구하고 초기 결과는 투표율의 눈에 띄는 증가와 더 다양한 범위의 후보자들이 선출되었음을 보여주었다.

정답 ①

난이도 🔋

③ 중요 표현 복습하기

어휘 복습 TEST

① electoral _____

② voter _____

③ ensure _____

④ fair _____

⑤ representation _____

⑥ critic _____

⑦ concern _____

⑧ administrative _____

⑨ complexity _____

⑩ implement _____

⑪ regardless of _____

⑫ noticeable _____

⑬ turnout _____

⑭ candidate _____

어휘 복습 ANSWER

① electoral 선거의

② voter 투표자, 유권자

③ ensure 보장하다, 반드시 ~하게 하다

④ fair 공정한, 타당한

⑤ representation 대표(자), 표현, 묘사

⑥ critic 비판하는 사람, 비평가

⑦ concern 우려, 걱정, 영향을 미치다

⑧ administrative 행정상의, 관리상의

⑨ complexity 복잡성

⑩ implement 시행하다, 도구, 기구

⑪ regardless of ~에 상관없이

⑫ noticeable 눈에 띄는, 현저한, 뚜렷한

⑬ turnout 투표율, 투표자의 수

⑭ candidate 입후보자, 출마자, 지원자

④ 지문 해석 확인하기

새로운 선거 개혁은 유권자 참여를 늘리고 공정한 대표성을 보장하기 위한 목적으로 도입되었다.
(B) 개혁안의 주요 특징 중 하나인 온라인 투표 도입은 사람들의 위치에 상관없이 투표를 쉽게 할 수 있도록 고안되었다.
(A) 그러나 비판하는 사람들은 행정 비용 증가 가능성과 변화 시행의 복잡성에 대한 우려를 표명했다.
(C) 이러한 우려에도 불구하고 초기 결과는 투표율의 눈에 띄는 증가와 더 다양한 범위의 입후보자들이 선출되었음을 보여주었다.

Unit 02 | 2025년 출제 기조 전환 연습 문제 ❸

① 문제 풀어보기

03 주어진 글 다음에 이어질 글의 순서로 가장 적절한 것은?　⏰ 제한시간 1분 30초 ~ 2분

> Researchers have identified a new drug compound that could be a potential breakthrough in the fight against Alzheimer's disease, the most common form of dementia.

(A) This promising drug candidate has the potential to significantly improve the treatment of Alzheimer's disease and provide hope for millions of patients and their families.

(B) If the clinical trial is successful, the discovery of this new drug candidate will show significant progress in continuing to find more effective treatments to combat the devastating effects of Alzheimer's disease.

(C) After extensive laboratory testing and preclinical studies, the researchers are now preparing to begin clinical trials to evaluate the safety and efficacy of this novel Alzheimer's treatment.

① (A) − (B) − (C)　　　　　② (A) − (C) − (B)

③ (B) − (C) − (A)　　　　　④ (C) − (A) − (B)

② 문제 풀이 전략 학습하기

'순서 배열' 문제 풀이 전략

STEP ① 선택지 확인 & 주어진 문장 확인하기

✎ 주어진 보기 문장을 먼저 읽고 무엇에 관한 내용인지 확인하기
✎ 주어진 명사에 특히 강조점을 두고 뒤에 이어질 내용을 예측하기

STEP ② [A], [B], [C] 첫 문장 확인 후 주어진 문장과 연결 여부 확인하기

✎ 문장 간 연결 여부를 확인할 때는 세부 정보, 연결사, 지시사, 대명사를 활용하기

STEP ③ 지문 검토하기(하나의 순서가 결정된 이후 끝 문장에 집중하며 다음 순서 정하기)

주어진 문장	Researchers have identified **a new drug compound that could be a potential breakthrough in the fight against Alzheimer's disease**, the most common form of dementia. 연구자들이 가장 흔한 형태의 치매인 알츠하이머병과의 싸움에서 잠재적인 돌파구가 될 수 있는 새로운 약물 화합물을 발견했다.
A	**This promising drug candidate has the potential to significantly improve the treatment of Alzheimer's disease** and provide hope for millions of patients and their families. 이 유망한 약물 후보는 알츠하이머병 치료를 크게 개선하고 수백만 명의 환자와 그 가족들에게 희망을 줄 수 있는 가능성을 가지고 있다.
C	**After extensive laboratory testing and preclinical studies**, the researchers are now preparing to **begin clinical trials** to evaluate the safety and efficacy of this novel Alzheimer's treatment. 광범위한 실험실 테스트와 임상 전의 연구를 마친 후, 연구자들은 이제 이 새로운 알츠하이머병 치료법의 안전성과 효능을 평가하기 위한 임상 실험을 시작할 준비를 하고 있다.
B	**If the clinical trial is successful**, the discovery of this new drug candidate will show significant progress in continuing to find more effective treatments to combat the devastating effects of Alzheimer's disease. 임상 실험이 성공한다면, 이 새로운 약물 후보의 발견은 알츠하이머병의 파괴적인 영향을 극복하기 위한 더 효과적인 치료법을 찾는 데 있어 중요한 진전을 나타낼 것이다.

정답 ②

난이도 ▮▮▯

③ 중요 표현 복습하기

어휘 복습 TEST

❶	identify	_____	❽	disease	_____
❷	compound	_____	❾	clinical trial	_____
❸	breakthrough	_____	❿	combat	_____
❹	dementia	_____	⓫	devastating	_____
❺	promising	_____	⓬	extensive	_____
❻	candidate	_____	⓭	preclinical	_____
❼	treatment	_____	⓮	novel	_____

어휘 복습 ANSWER

❶	identify	발견하다, 찾다, 확인하다	❽	disease	질병, 질환, 병폐
❷	compound	화합물, 혼합물	❾	clinical trial	임상 실험
❸	breakthrough	돌파구	❿	combat	싸움, 전투, 싸우다, 방지하다
❹	dementia	치매	⓫	devastating	파괴적인, 충격적인, 인상적인
❺	promising	유망한, 촉망되는	⓬	extensive	광범위한, 아주 넓은, 대규모의
❻	candidate	지원자, 후보자, 출마자	⓭	preclinical	임상 전의, 잠복기의
❼	treatment	치료, 처치, 대우	⓮	novel	새로운, 신기한, 소설

④ 지문 해석 확인하기

연구자들이 가장 흔한 형태의 치매인 알츠하이머병과의 싸움에서 잠재적인 돌파구가 될 수 있는 새로운 약물 화합물을 발견했다.
(A) 이 유망한 약물 후보는 알츠하이머병 치료를 크게 개선하고 수백만 명의 환자와 그 가족들에게 희망을 줄 수 있는 가능성을 가지고 있다.
(C) 광범위한 실험실 테스트와 임상 전의 연구를 마친 후, 연구자들은 이제 이 새로운 알츠하이머병 치료법의 안전성과 효능을 평가하기 위한 임상 실험을 시작할 준비를 하고 있다.
(B) 임상 실험이 성공한다면, 이 새로운 약물 후보의 발견은 알츠하이머병의 파괴적인 영향을 극복하기 위한 더 효과적인 치료법을 찾는 데 있어 중요한 진전을 나타낼 것이다.

Unit 02 2025년 출제 기조 전환 연습 문제 ❹

① 문제 풀어보기

04 주어진 글 다음에 이어질 글의 순서로 가장 적절한 것은?   🕐 제한시간 1분 30초 ~ 2분

As the world grapples with the challenges posed by rapid urbanization, smart cities have emerged as a promising solution.

(A) This transformation is driven by the need to address issues such as congestion, pollution, and resource management in urban areas.

(B) Sensors and data analytics are introduced to monitor and manage everything from traffic flow to energy consumption.

(C) Smart cities make use of technology to enhance efficiency, sustainability, and quality of life for their residents.

① (A) − (B) − (C)
② (B) − (A) − (C)
③ (B) − (C) − (A)
④ (C) − (B) − (A)

② 문제 풀이 전략 학습하기

'순서 배열' 문제 풀이 전략

STEP ① 선택지 확인 & 주어진 문장 확인하기

✎ 주어진 보기 문장을 먼저 읽고 무엇에 관한 내용인지 확인하기
✎ 주어진 명사에 특히 강조점을 두고 뒤에 이어질 내용을 예측하기

STEP ② [A], [B], [C] 첫 문장 확인 후 주어진 문장과 연결 여부 확인하기

✎ 문장 간 연결 여부를 확인할 때는 세부 정보, 연결사, 지시사, 대명사를 활용하기

STEP ③ 지문 검토하기(하나의 순서가 결정된 이후 끝 문장에 집중하며 다음 순서 정하기)

주어진 문장	As the world grapples with the challenges posed by rapid urbanization, **smart cities have emerged as a promising solution**. 전 세계가 급속한 도시화로 인한 문제를 해결하려고 노력하면서 스마트 시티가 유망한 해결책으로 떠오르고 있다.
C	**Smart cities make use of technology** to enhance efficiency, sustainability, and quality of life for their residents. 스마트 시티는 효율성, 지속 가능성, 그리고 주민들의 삶의 질을 향상시키기 위해 기술을 이용한다.
B	**Sensors and data analytics are introduced** to monitor and manage everything from traffic flow to energy consumption. 교통 흐름에서부터 에너지 소비에 이르기까지 모든 것을 모니터링하고 관리하기 위해 센서와 데이터 분석이 도입된다.
A	**This transformation** is driven by the need to address issues such as congestion, pollution, and resource management in urban areas. 이러한 변화는 도시 지역의 교통 혼잡, 오염, 자원 관리와 같은 문제를 해결할 필요성에 의해 추진되고 있다.

정답 ④

난이도 ▮▮▯

③ 중요 표현 복습하기

어휘 복습 TEST

1 grapple with _____

2 challenge _____

3 pose _____

4 rapid _____

5 urbanization _____

6 promising _____

7 transformation _____

8 address _____

9 such as _____

10 congestion _____

11 pollution _____

12 make use of _____

13 sensor _____

14 sustainability _____

어휘 복습 ANSWER

1 grapple with   ~을 해결하려고 노력하다

2 challenge   문제, 도전, 이의를 제기하다

3 pose   제기하다, 포즈를 취하다

4 rapid   빠른, 급속한

5 urbanization   도시화

6 promising   유망한, 촉망되는, 조짐이 좋은

7 transformation   변화, 변신, 민주화

8 address   해결하다, 연설하다, 주소, 연설

9 such as   ~와 같은

10 congestion   혼잡, 충혈

11 pollution   오염, 공해

12 make use of   이용하다

13 sensor   센서, 감지기

14 sustainability   지속 가능성, 유지 가능성

④ 지문 해석 확인하기

전 세계가 급속한 도시화로 인한 문제를 해결하려고 노력하면서 스마트 시티가 유망한 해결책으로 떠오르고 있다.
(C) 스마트 시티는 효율성, 지속 가능성, 그리고 주민들의 삶의 질을 향상시키기 위해 기술을 이용한다.
(B) 교통 흐름에서부터 에너지 소비에 이르기까지 모든 것을 모니터링하고 관리하기 위해 센서와 데이터 분석이 도입된다.
(A) 이러한 변화는 도시 지역의 교통 혼잡, 오염, 자원 관리와 같은 문제를 해결할 필요성에 의해 추진되고 있다.

Unit 02 | 2025년 출제 기조 전환 연습 문제 ❺

① 문제 풀어보기

05 주어진 글 다음에 이어질 글의 순서로 가장 적절한 것은? 🕐 제한시간 1분 30초 ~ 2분

> I woke up from a calm afternoon nap with the phone ringing noisily. I groggily reached for it, wondering who could be calling at this hour.

> (A) I had just started to doze off again when another call came through, this time from my sister asking if I could pick up some groceries on my way home.
>
> (B) After listening to Susan's story, I congratulated her warmly and promised to celebrate with her soon.
>
> (C) It was my friend Susan, sounding excited and out of breath. She had news to share about a job offer she had been waiting for.

① (A) − (C) − (B) 　　　② (B) − (A) − (C)

③ (C) − (A) − (B) 　　　④ (C) − (B) − (A)

② 문제 풀이 전략 학습하기

'순서 배열' 문제 풀이 전략

STEP ① 선택지 확인 & 주어진 문장 확인하기

✎ 주어진 보기 문장을 먼저 읽고 무엇에 관한 내용인지 확인하기
✎ 주어진 명사에 특히 강조점을 두고 뒤에 이어질 내용을 예측하기

STEP ② [A], [B], [C] 첫 문장 확인 후 주어진 문장과 연결 여부 확인하기

✎ 문장 간 연결 여부를 확인할 때는 세부 정보, 연결사, 지시사, 대명사를 활용하기

STEP ③ 지문 검토하기(하나의 순서가 결정된 이후 끝 문장에 집중하며 다음 순서 정하기)

주어진 문장	I woke up from a calm afternoon nap with the phone ringing noisily. I groggily reached for it, **wondering who could be calling at this hour**. 전화벨 소리가 시끄럽게 울리며 평온한 오후 낮잠에서 깨어났다. 나는 누가 이 시간에 전화를 걸고 있을지 궁금해하며 비틀거리면서 손을 뻗었다.
C	**It was my friend Susan**, sounding excited and out of breath. **She had news to share about a job offer** she had been waiting for. 내 친구 Susan이었는데, 그녀는 흥분하고 숨이 가빠 보였다. 그녀는 그녀가 기다리고 있던 취직 제안에 관해 나눌 소식이 있었다.
B	**After listening to Susan's story**, I congratulated her warmly and promised to celebrate with her soon. Susan의 이야기를 들은 후, 나는 그녀를 따뜻하게 축하하고 곧 함께 축하할 것을 약속했다.
A	**I had just started to doze off again when another call came through**, this time from my sister asking if I could pick up some groceries on my way home. 또 다른 전화가 왔을 때 나는 막 다시 잠이 들기 시작했었는데, 이번에는 내 언니가 집에 오는 길에 식료품을 좀 찾아 올 수 있냐는 요청이었다.

정답 ④

난이도 ▮▮▯▯

③ 중요 표현 복습하기

어휘 복습 TEST

① nap _____

② noisily _____

③ groggily _____

④ reach _____

⑤ wonder _____

⑥ doze off _____

⑦ pick up _____

⑧ congratulate _____

⑨ warmly _____

⑩ promise _____

⑪ soon _____

⑫ out of breath _____

⑬ job offer _____

Chapter 04

어휘 복습 ANSWER

① nap 낮잠, 낮잠을 자다

② noisily 시끄럽게

③ groggily 비틀거리면서

④ reach (전화로) 연락하다, 이르다, 미치다

⑤ wonder 궁금해하다, 경탄, 경이

⑥ doze off (특히 낮에) 잠이 들다

⑦ pick up ~을 찾다[찾아오다]

⑧ congratulate 축하하다, 기뻐하다

⑨ warmly 따뜻하게

⑩ promise 약속하다, ~일 것 같다, 약속

⑪ soon 곧, 머지않아, 이내

⑫ out of breath 숨이 가쁜

⑬ job offer 취직 제안, 일자리 제의

④ 지문 해석 확인하기

전화벨 소리가 시끄럽게 울리며 평온한 오후 낮잠에서 깨어났다. 나는 누가 이 시간에 전화를 걸고 있을지 궁금해하며 비틀거리면서 손을 뻗었다.

(C) 내 친구 Susan이었는데, 그녀는 흥분하고 숨이 가빠 보였다. 그녀는 그녀가 기다리고 있던 취직 제안에 관해 나눌 소식이 있었다.

(B) Susan의 이야기를 들은 후, 나는 그녀를 따뜻하게 축하하고 곧 함께 축하할 것을 약속했다.

(A) 또 다른 전화가 왔을 때 나는 막 다시 잠이 들기 시작했었는데, 이번에는 내 언니가 집에 오는 길에 식료품을 좀 찾아 올 수 있냐는 요청이었다.

Unit 02 2025년 출제 기조 전환 연습 문제 ❻

① 문제 풀어보기

06 주어진 글 다음에 이어질 글의 순서로 가장 적절한 것은? 제한시간 1분 30초 ~ 2분

The researchers have developed a new technology that can efficiently produce hydrogen from water, solving the problem of sustainable hydrogen fuel production.

(A) This new technology is more energy-efficient and environmentally friendly than traditional hydrogen production methods, as it does not rely on fossil fuels or emit greenhouse gases.

(B) The goal is to provide a feasible solution for the large-scale production of clean hydrogen that can be used as a sustainable energy source in various applications, including transportation and power generation.

(C) Particularly, this innovative approach is eco-friendly, as it utilizes renewable energy sources such as solar or wind power to drive the water-splitting process, making hydrogen production truly sustainable.

① (A) − (B) − (C)
② (B) − (A) − (C)
③ (C) − (A) − (B)
④ (C) − (B) − (A)

② 문제 풀이 전략 학습하기

'순서 배열' 문제 풀이 전략

STEP ① 선택지 확인 & 주어진 문장 확인하기

✎ 주어진 보기 문장을 먼저 읽고 무엇에 관한 내용인지 확인하기
✎ 주어진 명사에 특히 강조점을 두고 뒤에 이어질 내용을 예측하기

STEP ② [A], [B], [C] 첫 문장 확인 후 주어진 문장과 연결 여부 확인하기

✎ 문장 간 연결 여부를 확인할 때는 세부 정보, 연결사, 지시사, 대명사를 활용하기

STEP ③ 지문 검토하기(하나의 순서가 결정된 이후 끝 문장에 집중하며 다음 순서 정하기)

주어진 문장	The researchers have developed a **new technology that can efficiently produce hydrogen from water**, solving the problem of sustainable hydrogen fuel production. 연구자들이 물에서 효율적으로 수소를 생산할 수 있는 새로운 기술을 개발해 지속 가능한 수소 연료 생산의 문제를 해결했다.
C	Particularly, this **innovative approach is eco-friendly**, as it utilizes renewable energy sources such as solar or wind power to drive the water-splitting process, making hydrogen production truly sustainable. 특히 이 혁신적 접근은 태양열이나 풍력과 같은 재생 가능한 에너지원을 활용하여 물 분리 과정을 구동하여 수소 생산을 실질적으로 지속 가능하게 한다.
A	This new technology is more energy-efficient and **environmentally friendly** than traditional hydrogen production methods, as it does not rely on fossil fuels or emit greenhouse gases. 이 새로운 기술은 기존의 수소 생산 방법보다 화석 연료에 의존하지 않으며 온실 가스를 배출하지 않아 에너지 효율적이고 환경 친화적이다.
B	The goal is to provide a feasible solution for the large-scale production of clean hydrogen that can be used **as a sustainable energy source in various applications, including transportation and power generation**. 목표는 교통 및 발전 등 다양한 응용 분야에서 지속 가능한 에너지 원천으로 사용될 수 있는 청정 수소 대규모 생산의 실행 가능한 해결책을 제공하는 것이다.

정답 ③

난이도 ▮▮▮▯

③ 중요 표현 복습하기

어휘 복습 TEST

❶ hydrogen _____

❷ sustainable _____

❸ method _____

❹ rely on _____

❺ fossil fuel _____

❻ emit _____

❼ greenhouse gas _____

❽ feasible _____

❾ various _____

❿ transportation _____

⓫ approach _____

⓬ utilize _____

⓭ solar _____

⓮ split _____

어휘 복습 ANSWER

❶ hydrogen 수소

❷ sustainable 지속 가능한, 유지 가능한

❸ method 방법, 체계성

❹ rely on 의존하다, 의지하다, 기대하다

❺ fossil fuel 화석 연료

❻ emit 방출하다, 내뿜다

❼ greenhouse gas 온실 가스

❽ feasible 실현 가능한

❾ various 다양한, 여러 가지의

❿ transportation 교통, 수송, 운송

⓫ approach 접근, 접촉, 다가가다, 접근하다

⓬ utilize 활용하다, 이용하다

⓭ solar 태양열을 이용한, 태양의

⓮ split 분리시키다, 쪼개다

④ 지문 해석 확인하기

연구자들이 물에서 효율적으로 수소를 생산할 수 있는 새로운 기술을 개발해 지속 가능한 수소 연료 생산의 문제를 해결했다.
(C) 특히 이 혁신적 접근은 태양열이나 풍력과 같은 재생 가능한 에너지원을 활용하여 물 분리 과정을 구동하여 수소 생산을 실질적으로 지속 가능하게 한다.
(A) 이 새로운 기술은 기존의 수소 생산 방법보다 화석 연료에 의존하지 않으며 온실 가스를 방출하지 않아 에너지 효율적이고 환경 친화적이다.
(B) 목표는 교통 및 발전 등 다양한 응용 분야에서 지속 가능한 에너지 원천으로 사용될 수 있는 청정 수소 대규모 생산의 실현 가능한 해결책을 제공하는 것이다.

Unit 02 2025년 출제 기조 전환 연습 문제 ❼

① 문제 풀어보기

07 주어진 글 다음에 이어질 글의 순서로 가장 적절한 것은?   ⏱ 제한시간 1분 30초 ~ 2분

As the drone took off from the ground, it hovered briefly before starting its programmed route across the city.

(A) The collected data was then transmitted to a central hub, where algorithms analyzed it in real time to identify traffic patterns and potential hazards.

(B) Equipped with advanced sensors, the drone was able to map out the area in great detail, capturing images and environmental data.

(C) Such technology has revolutionized urban planning, allowing for more responsive and efficient management of city resources.

① (A) − (B) − (C)   ② (B) − (A) − (C)
③ (B) − (C) − (A)   ④ (C) − (A) − (B)

② 문제 풀이 전략 학습하기

'순서 배열' 문제 풀이 전략

STEP ① 선택지 확인 & 주어진 문장 확인하기

✐ 주어진 보기 문장을 먼저 읽고 무엇에 관한 내용인지 확인하기
✐ 주어진 명사에 특히 강조점을 두고 뒤에 이어질 내용을 예측하기

STEP ② [A], [B], [C] 첫 문장 확인 후 주어진 문장과 연결 여부 확인하기

✐ 문장 간 연결 여부를 확인할 때는 세부 정보, 연결사, 지시사, 대명사를 활용하기

STEP ③ 지문 검토하기(하나의 순서가 결정된 이후 끝 문장에 집중하며 다음 순서 정하기)

주어진 문장	**As the drone took off from the ground**, it hovered briefly before starting its programmed route across the city. 드론이 땅에서 이륙하자 도시를 가로질러 프로그래밍 된 경로를 시작하기 전에 잠시 맴돌았다.
B	Equipped with advanced sensors, **the drone** was able to map out the area in great detail, **capturing images and environmental data**. 고급 센서를 장착한 이 드론은 이미지와 환경 데이터를 포착하면서 지역을 매우 상세하게 지도화할 수 있었다.
A	**The collected data** was then transmitted to a central hub, where algorithms analyzed it in real time to identify traffic patterns and potential hazards. 수집된 데이터는 중앙 중심지로 전송되었으며, 알고리즘은 이를 실시간으로 분석하여 교통 패턴과 잠재적 위험을 파악한다.
C	**Such technology** has revolutionized **urban planning**, allowing for more responsive and efficient management of city resources. 이러한 기술은 도시 계획에 혁신을 일으켜 도시 자원을 더 반응성 있고 효율적인 관리를 가능하게 했다.

정답 ②

난이도 🔋

③ 중요 표현 복습하기

어휘 복습 TEST

① take off _____

② hover _____

③ briefly _____

④ collected _____

⑤ transmit _____

⑥ real time _____

⑦ identify _____

⑧ hazard _____

⑨ equipped with _____

⑩ advanced _____

⑪ capture _____

⑫ revolutionize _____

⑬ responsive _____

⑭ management _____

어휘 복습 ANSWER

① take off — 이륙하다, 떠나다

② hover — 맴돌다, 서성이다

③ briefly — 잠시, 간단히

④ collected — 수집한, 모은

⑤ transmit — 전송하다, 방송하다

⑥ real time — 실시간

⑦ identify — 확인하다, 찾다, 발견하다

⑧ hazard — 위험, ~을 위태롭게 하다

⑨ equipped with — ~을 장착한, ~을 갖춘

⑩ advanced — 고급의, 상급의, 선진의

⑪ capture — 정확히 포착하다, 담아내다

⑫ revolutionize — 혁신을 일으키다

⑬ responsive — 반응하는, 호응하는

⑭ management — 관리, 경영, 운영

④ 지문 해석 확인하기

드론이 땅에서 이륙하자 도시를 가로질러 프로그래밍 된 경로를 시작하기 전에 잠시 맴돌았다.

(B) 고급 센서를 장착한 이 드론은 이미지와 환경 데이터를 정확히 포착하면서 지역을 매우 상세하게 지도화할 수 있었다.

(A) 수집된 데이터는 중앙 중심지로 전송되었으며, 알고리즘은 이를 실시간으로 분석하여 교통 패턴과 잠재적 위험을 파악한다.

(C) 이러한 기술은 도시 계획에 혁신을 일으켜 도시 자원을 더 반응성 있고 효율적인 관리를 가능하게 했다.

Unit 02 | 2025년 출제 기조 전환 연습 문제 ❽

① 문제 풀어보기

08 주어진 글 다음에 이어질 글의 순서로 가장 적절한 것은?　　⏰ 제한시간 1분 30초 ~ 2분

> In the debate about artificial intelligence, one of the most pressing concerns is the ethical implications of creating machines that can make decisions autonomously.

> (A) On the other hand, proponents argue that AI has the potential to significantly benefit society by performing tasks that are too complex or dangerous for humans.
>
> (B) This raises questions about accountability and the potential for harm if such decisions lead to unintended consequences.
>
> (C) Balancing these perspectives requires a careful consideration of ethical principles and the establishment of robust regulatory frameworks.

① (B) - (A) - (C)　　　　　　② (B) - (C) - (A)

③ (C) - (A) - (B)　　　　　　④ (C) - (B) - (A)

② 문제 풀이 전략 학습하기

'순서 배열' 문제 풀이 전략

STEP ① 선택지 확인 & 주어진 문장 확인하기

✎ 주어진 보기 문장을 먼저 읽고 무엇에 관한 내용인지 확인하기
✎ 주어진 명사에 특히 강조점을 두고 뒤에 이어질 내용을 예측하기

STEP ② [A], [B], [C] 첫 문장 확인 후 주어진 문장과 연결 여부 확인하기

✎ 문장 간 연결 여부를 확인할 때는 세부 정보, 연결사, 지시사, 대명사를 활용하기

STEP ③ 지문 검토하기(하나의 순서가 결정된 이후 끝 문장에 집중하며 다음 순서 정하기)

주어진 문장	In the debate about **artificial intelligence**, one of the most pressing **concerns is the ethical implications of creating machines that can make decisions autonomously**. 인공지능에 대한 논쟁에서 가장 시급한 문제 중 하나는 자율적으로 의사결정을 내릴 수 있는 기계를 만드는 것의 윤리적인 영향이다.
B	**This raises questions about accountability and the potential for harm if such decisions** lead to unintended consequences. 이는 그러한 결정이 의도치 않은 결과를 초래할 경우에 책임과 위험 가능성에 대한 의문을 제기한다.
A	**On the other hand**, proponents argue that **AI has the potential to significantly benefit society** by performing tasks that are too complex or dangerous for humans. 반면 지지자들은 AI가 인간에게 너무 복잡하거나 위험한 작업을 수행함으로써 사회에 상당한 혜택을 줄 가능성이 있다고 주장한다.
C	**Balancing these perspectives requires a careful consideration of ethical principles** and the establishment of robust regulatory frameworks. 이러한 관점들의 균형을 맞추려면 윤리적 원칙에 대한 신중한 고려와 강력한 규제 체계의 구축이 필요하다.

정답 ①

난이도 ▮▮▯

③ 중요 표현 복습하기

어휘 복습 TEST

❶ debate _____

❷ pressing _____

❸ concern _____

❹ ethical _____

❺ implication _____

❻ autonomously _____

❼ proponent _____

❽ raise questions _____

❾ accountability _____

❿ unintended _____

⓫ consequence _____

⓬ perspective _____

⓭ robust _____

⓮ regulatory _____

어휘 복습 ANSWER

❶ debate 논쟁, 토론, 논쟁하다

❷ pressing 긴급한, 거절하기 힘든

❸ concern 문제, 관심사, 걱정, 우려, 관련되다

❹ ethical 윤리적인, 도덕적인

❺ implication 영향, 결과, 함축, 암시

❻ autonomously 자율적으로, 독자적으로

❼ proponent 지지자

❽ raise questions 의문을 제기하다

❾ accountability 책임

❿ unintended 의도하지 않은

⓫ consequence 결과, 중요함

⓬ perspective 관점, 시각, 균형감, 원근법

⓭ robust 강력한, 튼튼한, 굳건한

⓮ regulatory 규제하는, 조절하는

④ 지문 해석 확인하기

인공지능에 대한 논쟁에서 가장 긴급한 문제 중 하나는 자율적으로 의사결정을 내릴 수 있는 기계를 만드는 것의 윤리적인 영향이다.

(B) 이는 그러한 결정이 의도치 않은 결과를 초래할 경우에 책임과 위험 가능성에 대한 의문을 제기한다.

(A) 반면 지지자들은 AI가 인간에게 너무 복잡하거나 위험한 작업을 수행함으로써 사회에 상당한 혜택을 줄 가능성이 있다고 주장한다.

(C) 이러한 관점들의 균형을 맞추려면 윤리적 원칙에 대한 신중한 고려와 강력한 규제 체계의 구축이 필요하다.

Unit 02 | 2025년 출제 기조 전환 연습 문제 ❾

① 문제 풀어보기

09 주어진 글 다음에 이어질 글의 순서로 가장 적절한 것은? ⏰ 제한시간 1분 30초 ~ 2분

Before the students even realized what was happening, I had already divided them into small groups and handed out the mystery packets.

(A) Each packet contained clues to a historical event, and their task was to figure out the event using only the hints provided.

(B) After the session, I could see the excitement in their eyes, and many asked when we could do a similar activity again.

(C) They worked diligently, debating the possible solutions among themselves, and within an hour, the first group had deciphered the code.

① (A) − (C) − (B)

② (B) − (A) − (C)

③ (B) − (C) − (A)

④ (C) − (A) − (B)

② 문제 풀이 전략 학습하기

'순서 배열' 문제 풀이 전략

STEP ① 선택지 확인 & 주어진 문장 확인하기

✎ 주어진 보기 문장을 먼저 읽고 무엇에 관한 내용인지 확인하기
✎ 주어진 명사에 특히 강조점을 두고 뒤에 이어질 내용을 예측하기

STEP ② [A], [B], [C] 첫 문장 확인 후 주어진 문장과 연결 여부 확인하기

✎ 문장 간 연결 여부를 확인할 때는 세부 정보, 연결사, 지시사, 대명사를 활용하기

STEP ③ 지문 검토하기(하나의 순서가 결정된 이후 끝 문장에 집중하며 다음 순서 정하기)

주어진 문장	Before the students even realized what was happening, **I had already divided them into small groups and handed out the mystery packets.** 학생들이 무슨 일이 일어나고 있는지 깨닫기도 전에, 나는 이미 그들을 작은 그룹으로 나누고 수수께끼의 패킷을 나누어 주었다.
A	**Each packet** contained clues to a historical event, and **their task was to figure out the event using only the hints provided.** 각 패킷에는 역사적 사건의 단서가 들어 있었고, 그들의 임무는 제공된 힌트만을 사용하여 그 사건을 알아내는 것이었다.
C	**They worked diligently, debating the possible solutions among themselves,** and within an hour, the first group had deciphered the code. 그들은 자기들끼리 가능한 해결책을 논의하며 열심히 했고, 한 시간 안에 첫 번째 그룹이 암호를 풀었다.
B	**After the session,** I could see the excitement in their eyes, and many asked **when we could do a similar activity again.** 시간이 끝난 후, 그들의 눈에서 신남이 보였고, 많은 이들이 비슷한 활동을 언제 다시 할 수 있는지 물었다.

정답 ①

난이도 ▮▮▯▯

③ 중요 표현 복습하기

어휘 복습 TEST

① divide _____

② hand out _____

③ mystery _____

④ packet _____

⑤ contain _____

⑥ figure out _____

⑦ session _____

⑧ excitement _____

⑨ similar _____

⑩ diligently _____

⑪ debate _____

⑫ decipher _____

어휘 복습 ANSWER

① divide — 나누다, 가르다

② hand out — 나누어 주다, 배포하다

③ mystery — 수수께끼, 불가사의

④ packet — 패킷, 통, 소포, 꾸러미

⑤ contain — ~이 들어 있다, 포함하다, 억누르다

⑥ figure out — 알아내다, 이해하다, 계산하다

⑦ session — 시간, 기간, 개정, 회기

⑧ excitement — 신남, 흥분

⑨ similar — 비슷한, 유사한, 닮은

⑩ diligently — 열심히, 부지런히

⑪ debate — 논의[토론]하다, 숙고하다, 토론, 논쟁

⑫ decipher — 풀다, 해독하다

④ 지문 해석 확인하기

학생들이 무슨 일이 일어나고 있는지 깨닫기도 전에, 나는 이미 그들을 작은 그룹으로 나누고 수수께끼의 패킷을 나누어 주었다.
(A) 각 패킷에는 역사적 사건의 단서가 들어 있었고, 그들의 임무는 제공된 힌트만을 사용하여 그 사건을 알아내는 것이었다.
(C) 그들은 자기들끼리 가능한 해결책을 논의하며 열심히 했고, 한 시간 안에 첫 번째 그룹이 암호를 풀었다.
(B) 시간이 끝난 후, 그들의 눈에서 신남이 보였고, 많은 이들이 비슷한 활동을 언제 다시 할 수 있는지 물었다.

Unit 02 | 2025년 출제 기조 전환 연습 문제 ⑩

① 문제 풀어보기

10 주어진 글 다음에 이어질 글의 순서로 가장 적절한 것은?　　🕐 제한시간 1분 30초 ~ 2분

Over the past decade, renewable energy sources have gained significant traction as viable alternatives to traditional fossil fuels.

(A) Governments worldwide have implemented policies to incentivize the adoption of renewable energy, leading to a surge in investments and technological advancements.

(B) Solar and wind power, in particular, have seen exponential growth due to their scalability and environmental benefits.

(C) This transition marks a pivotal moment in our efforts to combat climate change and reduce our reliance on finite resources.

---

① (B) − (A) − (C)　　　　　　　② (B) − (C) − (A)

③ (C) − (A) − (B)　　　　　　　④ (C) − (B) − (A)

② 문제 풀이 전략 학습하기

'순서 배열' 문제 풀이 전략

STEP ① 선택지 확인 & 주어진 문장 확인하기

> ✏️ 주어진 보기 문장을 먼저 읽고 무엇에 관한 내용인지 확인하기
> ✏️ 주어진 명사에 특히 강조점을 두고 뒤에 이어질 내용을 예측하기

STEP ② [A], [B], [C] 첫 문장 확인 후 주어진 문장과 연결 여부 확인하기

> ✏️ 문장 간 연결 여부를 확인할 때는 세부 정보, 연결사, 지시사, 대명사를 활용하기

STEP ③ 지문 검토하기(하나의 순서가 결정된 이후 끝 문장에 집중하며 다음 순서 정하기)

주어진 문장	Over the past decade, **renewable energy sources have gained significant spotlight as viable alternatives to traditional fossil fuels**. 지난 10년 동안 재생 가능 에너지원은 전통적인 화석 연료의 실질적인 대안으로서 상당한 주목을 받았다.
C	**This transition** marks a pivotal moment in **our efforts to combat climate change and reduce our reliance on finite resources**. 이러한 전환은 기후 변화에 대처하고 유한한 자원에 대한 의존도를 줄이기 위한 우리의 노력에서 중요한 순간을 의미한다.
A	Governments worldwide **have implemented policies to incentivize the adoption of renewable energy**, leading to a surge in investments and technological advancements. 전 세계적인 정부들은 재생 가능 에너지 채택을 장려하기 위한 정책을 시행했으며, 이는 투자와 기술 발전의 급증을 초래했다.
B	**Solar and wind power, in particular**, have seen exponential growth due to their scalability and environmental benefits. 특히 태양열과 풍력 발전은 그 확장성과 환경적 이점으로 인해 기하급수적인 성장을 보였다.

정답 ③

난이도 ▮▮▯

③ 중요 표현 복습하기

어휘 복습 TEST

1 renewable _____
2 significant _____
3 spotlight _____
4 viable _____
5 alternative _____
6 fossil fuel _____
7 implement _____
8 incentivize _____

9 lead to _____
10 surge _____
11 exponential _____
12 scalability _____
13 transition _____
14 pivotal _____
15 combat _____
16 finite _____

어휘 복습 ANSWER

1 renewable — 재생 가능한, 연장 가능한
2 significant — 중요한, 의미 있는
3 spotlight — 주목, 관심, 스포트라이트
4 viable — 실행 가능한
5 alternative — 대안, 대체 가능한
6 fossil fuel — 화석 연료
7 implement — 시행하다, 도구, 기구
8 incentivize — (인센티브를 주어) 장려하다

9 lead to — ~를 초래하다, ~로 이어지다
10 surge — 급증, 급등, 급등하다, 밀려들다
11 exponential — 기하급수적인
12 scalability — 확장성
13 transition — 전환, 변이, 이행
14 pivotal — 중요한, 중심이 되는
15 combat — 전투, 싸움, 방지하다, 싸우다
16 finite — 유한한, 한정된

④ 지문 해석 확인하기

지난 10년 동안 재생 가능 에너지원은 전통적인 화석 연료의 실질적인 대안으로서 상당한 주목을 받았다.
(C) 이러한 전환은 기후 변화에 대처하고 유한한 자원에 대한 의존도를 줄이기 위한 우리의 노력에서 중요한 순간을 의미한다.
(A) 전 세계적인 정부들은 재생 가능 에너지 채택을 장려하기 위한 정책을 시행했으며, 이는 투자와 기술 발전의 급증을 초래했다.
(B) 특히 태양열과 풍력 발전은 그 확장성과 환경적 이점으로 인해 기하급수적인 성장을 보였다.

MEMO

진가영 영어
신경향 독해 마스터 시즌 2

진가영 영어연구소 | cafe.naver.com/easyenglish7

단일형 문항 ⑤
빈칸 추론

Unit 01 2025년 출제 기조 전환 예시 문제 ❶

1 문제 풀어보기

01 밑줄 친 부분에 들어갈 말로 가장 적절한 것은?

제한시간 1분 30초 ~ 2분

2025년 출제 기조 전환 예시 문제 19번

> Falling fertility rates are projected to result in shrinking populations for nearly every country by the end of the century. The global fertility rate was 4.7 in 1950, but it dropped by nearly half to 2.4 in 2017. It is expected to fall below 1.7 by 2100. As a result, some researchers predict that the number of people on the planet would peak at 9.7 billion around 2064 before falling down to 8.8 billion by the century's end. This transition will also lead to a significant aging of populations, with as many people reaching 80 years old as there are being born. Such a demographic shift _____, including taxation, healthcare for the elderly, caregiving responsibilities, and retirement. To ensure a "soft landing" into a new demographic landscape, researchers emphasize the need for careful management of the transition.

① raises concerns about future challenges
② mitigates the inverted age structure phenomenon
③ compensates for the reduced marriage rate issue
④ provides immediate solutions to resolve the problems

② 문제 풀이 전략 학습하기

'빈칸 추론' 문제 풀이 전략

STEP ① 지문을 빠르게 읽으며 주제문 확인하기

주제문	**Falling fertility rates** are projected to **result in shrinking populations** for nearly every country by the end of the century. 떨어지는 출산율이 세기말까지 거의 모든 국가의 인구 감소를 야기할 것으로 예상된다.

STEP ② 빈칸에서 요구하는 정보 확인하고 빈칸 전과 후의 내용 확인하기

✎ 빈칸 위치에 따른 단서 문장 확인하기

빈칸 전	**This transition** will also **lead to a significant aging of populations**, with as many people reaching 80 years old as there are being born. 이 전환은 또한 태어나는 수만큼 많은 사람들이 80세에 도달하며 인구의 상당한 고령화로 이어질 것이다.
빈칸 문장	**Such a demographic shift raises concerns about future challenges**, including taxation, healthcare for the elderly, caregiving responsibilities, and retirement. 이러한 인구학적 변화는 조세, 노인 건강관리, 돌봄 책임 및 은퇴를 포함한 <u>미래의 문제에 대한 우려를 제기한다</u>.
빈칸 후	To ensure a "soft landing" into a new demographic landscape, researchers emphasize **the need for careful management of the transition**. 새로운 인구의 지형으로의 "부드러운 착륙"을 보장하기 위해 연구원들은 전환의 신중한 관리의 필요성을 강조한다.

STEP ③ 단서 확인 후 소거법으로 선택지에서 정답 선택하기

선택지 분석	① raises concerns about future challenges 미래의 문제에 대한 우려를 제기한다 ② ~~mitigates~~ the ~~inverted age structure~~ phenomenon 뒤집힌 연령 구조 현상을 완화한다 ③ ~~compensates for~~ the ~~reduced marriage~~ rate issue 감소한 결혼율 문제를 보상한다 ④ ~~provides immediate solutions~~ to resolve the problems 문제 해결을 위한 즉각적인 해결책을 제공한다

정답 ①

난이도 ▮▮▮▮

③ 중요 표현 복습하기

어휘 복습 TEST

❶ falling _____

❷ fertility rate _____

❸ project _____

❹ result in _____

❺ shrink _____

❻ population _____

❼ nearly _____

❽ expect _____

❾ below _____

❿ predict _____

⓫ around _____

⓬ fall down _____

⓭ transition _____

⓮ lead to _____

⓯ aging _____

⓰ reach _____

⓱ demographic _____

⓲ shift _____

⓳ raise concerns _____

⓴ taxation _____

㉑ elderly _____

㉒ caregiving _____

㉓ retirement _____

㉔ landscape _____

㉕ management _____

㉖ mitigate _____

어휘 복습 ANSWER

❶ falling	떨어지는, 하락하는, 하락, 강하, 추락	
❷ fertility rate	출산율, 출생률	
❸ project	예상하다, 추정하다, 계획하다, 계획, 과제	
❹ result in	~을 야기하다, 그 결과 ~이 되다	
❺ shrink	줄어들다, 오그라들다	
❻ population	인구, 주민	
❼ nearly	거의, 대략	
❽ expect	예상하다, 기대하다	
❾ below	아래에, 밑에	
❿ predict	예측하다, 예견하다	
⓫ around	약, 쯤, 주위에, 사방에	
⓬ fall down	떨어지다, 무너지다	
⓭ transition	전환, 이행	

⓮ lead to	~로 이어지다
⓯ aging	고령화, 노령화, 노화
⓰ reach	~에 이르다, 도달하다, 거리, 범위
⓱ demographic	인구 통계학적인, 인구학의, 인구의
⓲ shift	변화, 옮기다, 이동하다
⓳ raise concerns	우려를 제기하다
⓴ taxation	조세, 세수, 과세
㉑ elderly	노인, 어르신들, 나이가 지긋한
㉒ caregiving	돌봄, 부양
㉓ retirement	은퇴, 퇴직
㉔ landscape	지형, 풍경
㉕ management	관리, 경영, 운영
㉖ mitigate	완화하다, 진정시키다

④ 지문 해석 확인하기

떨어지는 출산율이 세기말까지 거의 모든 국가의 인구 감소를 야기할 것으로 예상된다. 세계 출산율은 1950년에 4.7명이었지만 2017년에는 거의 절반인 2.4명으로 감소했다. 2100년에는 1.7명 아래로 떨어질 것으로 예상된다. 결과적으로, 일부 연구원들은 지구상의 사람들의 수가 세기말에는 88억 명으로 떨어지기 전에 2064년에 97억 명으로 절정에 달할 것으로 예측한다. 이 전환은 또한 태어나는 수만큼 많은 사람들이 80세에 도달하며 인구의 상당한 고령화로 이어질 것이다. 이러한 인구학적 변화는 조세, 노인 건강관리, 돌봄 책임 및 은퇴를 포함한 <u>미래의 문제에 대한 우려를 제기한다</u>. 새로운 인구의 지형으로의 "부드러운 착륙"을 보장하기 위해 연구원들은 전환의 신중한 관리의 필요성을 강조한다.

Unit 01 2025년 출제 기조 전환 예시 문제 ❷

① 문제 풀어보기

02 밑줄 친 부분에 들어갈 말로 가장 적절한 것은?

제한시간 1분 30초 ~ 2분

2025년 출제 기조 전환 예시 문제 20번

Many listeners blame a speaker for their inattention by thinking to themselves : "Who could listen to such a character? Will he ever stop reading from his notes?" The good listener reacts differently. He may well look at the speaker and think, "This man is incompetent. Seems like almost anyone would be able to talk better than that." But from this initial similarity he moves on to a different conclusion, thinking "But wait a minute. I'm not interested in his personality or delivery. I want to find out what he knows. Does this man know some things that I need to know?" Essentially, we "listen with our own experience." Is the speaker to be held responsible because we are poorly equipped to comprehend his message? We cannot understand everything we hear, but one sure way to raise the level of our understanding is to _____.

① ignore what the speaker knows
② analyze the character of a speaker
③ assume the responsibility which is inherently ours
④ focus on the speaker's competency of speech delivery

② 문제 풀이 전략 학습하기

'빈칸 추론' 문제 풀이 전략

STEP ① 지문을 빠르게 읽으며 주제문 확인하기

주제문	**The good listener reacts differently.** 좋은 청자는 다르게 반응한다.

STEP ② 빈칸에서 요구하는 정보 확인하고 빈칸 전과 후의 내용 확인하기

✏ 빈칸 위치에 따른 단서 문장 확인하기

빈칸 전	Essentially, **we "listen with our own experience." Is the speaker to be held responsible** because we are poorly equipped to comprehend his message? 본적으로, 우리는 "우리 자신의 경험으로 듣는다." 우리가 그의 메시지를 이해할 수 있는 능력이 잘못 갖춰져 있기 때문에 화자에게 책임이 있는가?
빈칸 문장	**We** cannot understand everything we hear, but one sure way to raise the level of our understanding is to **assume the responsibility which is inherently ours**. 우리가 듣는 모든 것을 이해할 수는 없지만, 우리의 이해 수준을 높일 수 있는 한 가지 확실한 방법은 본질적으로 우리의 것인 책임을 지는 것이다.

STEP ③ 단서 확인 후 소거법으로 선택지에서 정답 선택하기

선택지 분석	① ~~ignore~~ what the speaker knows 화자가 알고 있는 것을 무시하다 ② ~~analyze~~ the character of a speaker 화자의 성격을 분석하다 ③ assume the responsibility which is inherently ours 본질적으로 우리의 것인 책임을 지다 ④ ~~focus on~~ the speaker's competency of speech delivery 화자의 말 전달 능력에 집중한다

정답 ③

난이도 ▮▮▮

③ 중요 표현 복습하기

어휘 복습 TEST

❶ blame _____

❷ inattention _____

❸ to oneself _____

❹ note _____

❺ react _____

❻ differently _____

❼ may well _____

❽ incompetent _____

❾ able _____

❿ initial _____

⓫ similarity _____

⓬ move on _____

⓭ conclusion _____

⓮ personality _____

⓯ delivery _____

⓰ find out _____

⓱ essentially _____

⓲ speaker _____

⓳ responsible _____

⓴ equip _____

㉑ comprehend _____

㉒ raise _____

㉓ assume _____

㉔ inherently _____

어휘 복습 ANSWER

① blame — 비난하다, ~을 탓하다, 비난, 책임

② inattention — 부주의, 태만, 무관심

③ to oneself — 혼자

④ note — 메모, 음표, 기록, 주목하다, 언급하다

⑤ react — 반응하다, 반응을 보이다

⑥ differently — 다르게, 달리

⑦ may well — 아마 ~일 것이다, 무리가 아니다, 당연하다

⑧ incompetent — 무능한, 쓸모없는

⑨ able — 할 수 있는, 유능한

⑩ initial — 초기의, 처음의

⑪ similarity — 유사성, 닮음

⑫ move on — ~로 넘어가다, 이동하다

⑬ conclusion — 결론, 판단, 결말

⑭ personality — 성격, 인격, 개성

⑮ delivery — 전달, 발표, 배달, 출산

⑯ find out — ~을 알아내다, 알게 되다

⑰ essentially — 근본적으로, 기본적으로, 본질적으로

⑱ speaker — 화자, 발표자, 연설가

⑲ responsible — ~에 대해 책임이 있는, ~의 원인이 되는

⑳ equip — 갖추다, 차려입게 하다

㉑ comprehend — 이해하다, 파악하다, 포함하다, 의미하다

㉒ raise — 높이다, 올리다, 일으키다, 제기하다

㉓ assume — (책임을) 지다, (권력을) 쥐다, (역할을) 맡다, 추정하다, 띠다

㉔ inherently — 본질적으로, 선천적으로

④ 지문 해석 확인하기

많은 청자들은 "누가 그런 등장인물의 말을 들을 수 있을까? 그가 그의 메모들로부터 읽는 것을 언제 멈출 수 있을까?"라고 혼자 생각함으로써 그들의 부주의에 대해 화자를 비난한다. 좋은 청자는 다르게 반응한다. 그는 화자를 보고 "이 남자는 무능하다. 거의 누구나 그것보다 더 잘 말할 수 있을 것 같다"고 생각할 것이다. 그러나 이러한 초기의 유사성으로부터 그는 다른 결론으로 넘어가면서 생각한다. "하지만 잠시만. 나는 그의 성격이나 전달력에 관심이 없어. 나는 그가 무엇을 알고 있는지 알고 싶어. 이 남자는 내가 알아야 할 것들을 알고 있나?" 근본적으로, 우리는 "우리 자신의 경험으로 듣는다." 우리가 그의 메시지를 이해할 수 있는 능력이 잘못 갖춰져 있기 때문에 화자에게 책임이 있는가? 우리가 듣는 모든 것을 이해할 수는 없지만, 우리의 이해 수준을 높일 수 있는 한 가지 확실한 방법은 <u>본질적으로 우리의 것인 책임을 지는 것이다.</u>

Unit 02 | 2025년 출제 기조 전환 연습 문제 ❶

1 문제 풀어보기

01 밑줄 친 부분에 들어갈 말로 가장 적절한 것은?

🕐 제한시간 1분 30초 ~ 2분

Psychological research suggests that many people genuinely believe they excel in desirable traits, even demonstrating this confidence by betting on their abilities in controlled experiments. In business settings, these inflated self-perceptions can have significant ramifications. Executives at large corporations may embark on costly mergers or acquisitions under the mistaken belief that they can manage another company's resources better than its current leadership. However, history shows that such initiatives often lead to the acquiring company's stock losing value, as the challenges of integrating large organizations frequently result in operational and cultural clashes. These misguided acquisitions have been attributed to the executives _____ than they believe themselves to be.

① being more tolerant
② being less fortunate
③ being less competent
④ being more adventurous

② 문제 풀이 전략 학습하기

'빈칸 추론' 문제 풀이 전략

STEP ① 지문을 빠르게 읽으며 주제문 확인하기

주제문	In **business settings, these inflated self-perceptions can have significant ramifications**. 기업 환경에서 이러한 과장된 자아 인식은 중요한 영향을 미칠 수 있다.

STEP ② 빈칸에서 요구하는 정보 확인하고 빈칸 전과 후의 내용 확인하기

🖉 빈칸 위치에 따른 단서 문장 확인하기

빈칸 전	However, history shows that such initiatives often lead to the acquiring company's stock losing value, as **the challenges of integrating large organizations frequently result in operational and cultural clashes**. 그러나 역사는 이러한 계획이 대규모 조직을 통합하는 문제로 인해 운영 및 문화적 충돌이 발생하는 경우가 많기 때문에 인수 회사의 주식 가치를 떨어뜨리는 경우로 종종 이어지는 것을 보여준다.
빈칸 문장	**These misguided acquisitions** have been attributed to the executives **being less competent** than they believe themselves to be. 이러한 잘못된 인수는 경영진들 자신이 생각했던 것보다 <u>덜 유능한 것</u>에 기인한다.

STEP ③ 단서 확인 후 소거법으로 선택지에서 정답 선택하기

선택지 분석	① being more tolerant 더 관대한 것 ② being less fortunate 덜 운이 좋은 것 ③ being less competent 덜 유능한 것 ④ being more adventurous 더 모험심이 강한 것

정답 ③

난이도 ▮▮▮

③ 중요 표현 복습하기

어휘 복습 TEST

① psychological _____

② suggest _____

③ genuinely _____

④ desirable _____

⑤ trait _____

⑥ demonstrate _____

⑦ confidence _____

⑧ ability _____

⑨ inflated _____

⑩ ramification _____

⑪ executive _____

⑫ embark on _____

⑬ merger _____

⑭ acquisition _____

⑮ mistaken _____

⑯ initiative _____

⑰ current _____

⑱ stock _____

⑲ integrate _____

⑳ operational _____

㉑ clash _____

㉒ misguided _____

㉓ be attributed to _____

어휘 복습 ANSWER

1 psychological — 심리학적인, 정신적인

2 suggest — 암시하다, 시사하다, 제안하다

3 genuinely — 진심으로

4 desirable — 바람직한, 가치 있는

5 trait — 특성, 특징

6 demonstrate — 보여주다, 설명하다, 입증하다

7 confidence — 자신(감), 신뢰, 확신

8 ability — 재능, 기량, 능력, 할 수 있음

9 inflated — 과장된, 부풀린

10 ramification — 영향, 파문

11 executive — 경영진, 간부

12 embark on — ~에 착수하다

13 merger — 합병, 합동

14 acquisition — 인수, 매입, 습득

15 mistaken — 잘못된, 틀린

16 initiative — 계획, 진취성, 결단력, 주도(권)

17 current — 현재의, 유통되고 있는, 흐름, 해류, 기류, 전류

18 stock — 주식, 재고, 가축

19 integrate — 통합시키다[되다]

20 operational — 운영의, 가동의, 작전의

21 clash — 충돌, 충돌하다

22 misguided — 잘못 이해한[판단한]

23 be attributed to — ~에 기인하다, ~의 덕분으로 여겨지다

④ 지문 해석 확인하기

심리학 연구에 따르면 많은 사람들이 자신이 바람직한 특성에 뛰어나다고 진심으로 믿고 있으며, 심지어 통제된 실험에서 자신의 능력에 내기를 거는 것으로써 이러한 자신감을 보여주기도 한다. 기업 환경에서 이러한 과장된 자아 인식은 중요한 영향을 미칠 수 있다. 대기업의 경영진들은 다른 회사의 자원을 현재의 지도부들보다 더 잘 관리할 수 있다는 잘못된 믿음 아래 값비싼 인수 합병에 착수할 수도 있다. 그러나 역사는 이러한 계획이 대규모 조직을 통합하는 문제로 인해 운영 및 문화적 충돌이 발생하는 경우가 많기 때문에 인수 회사의 주식 가치를 떨어뜨리는 경우로 종종 이어지는 것을 보여준다. 이러한 잘못된 인수는 경영진들 자신이 생각했던 것보다 <u>덜 유능한 것</u>에 기인한다.

Unit 02 2025년 출제 기조 전환 연습 문제 ❷

① 문제 풀어보기

02 밑줄 친 부분에 들어갈 말로 가장 적절한 것은?   🕐 제한시간 1분 30초 ~ 2분

_____ is crucial. If you've already learned this skill, well done. Surprisingly, many individuals in senior executive positions have yet to grasp this concept. I've worked with top-level leaders who are overburdening themselves by working excessively long hours. While the challenges of meeting demands are substantial, another critical issue is the difficulty in decisively declining requests. Saying no to certain tasks can liberate you to concentrate on activities that promote your success and propel your organization forward. Whether stemming from a fear of letting others down, a desire to avoid appearing invincible, or reluctance to relinquish longstanding responsibilities that may no longer be essential, it's important to examine the reasons that make refusal challenging. Instead, contemplate the advantages of being able to prioritize and say "yes" to tasks that align with your most important goals.

① Working as hard as possible
② Mastering the art of saying 'no'
③ Following the orders of your superiors
④ Building close relationships with others

② 문제 풀이 전략 학습하기

'빈칸 추론' 문제 풀이 전략

STEP ① 지문을 빠르게 읽으며 주제문 확인하기

주제문	While the challenges of meeting demands are substantial, **another critical issue is** the difficulty **in decisively declining requests**. 요구사항을 충족시키는 것의 어려움이 상당하지만, 또 다른 중요한 문제는 요구사항을 단호하게 거절하는 데 어려움을 겪는다는 것이다.

STEP ② 빈칸에서 요구하는 정보 확인하고 빈칸 전과 후의 내용 확인하기

✏ 빈칸 위치에 따른 단서 문장 확인하기

빈칸 문장	**Mastering the art of saying "no" is crucial.** '아니오'라고 말하는 기술을 익히는 것은 매우 중요하다.
빈칸 후	**Saying no to certain tasks** can liberate you **to concentrate on activities that promote your success and propel your organization forward**. 특정 업무에 대해 '아니오'라고 말하는 것은 성공을 촉진하고 조직을 발전시키는 활동에 집중할 수 있도록 당신을 자유롭게 해줄 수 있다.

STEP ③ 단서 확인 후 소거법으로 선택지에서 정답 선택하기

선택지 분석	① ~~Working as hard~~ as possible 　가능한 한 열심히 일하는 것 ②Mastering the art of saying 'no' 　'아니오'라고 말하는 기술을 익히는 것 ③ ~~Following the orders~~ of your superiors 　상사의 명령을 따르는 것 ④ Building ~~close relationships~~ with others 　다른 사람들과 친밀한 관계를 구축하는 것

정답 ②

난이도 ▐▐▌

③ 중요 표현 복습하기

어휘 복습 TEST

① master _____

② crucial _____

③ senior _____

④ executive _____

⑤ have yet to부정사 _____

⑥ grasp _____

⑦ overburden _____

⑧ substantial _____

⑨ decisively _____

⑩ decline _____

⑪ certain _____

⑫ liberate _____

⑬ concentrate _____

⑭ promote _____

⑮ propel _____

⑯ let down _____

⑰ stem from _____

⑱ invincible _____

⑲ reluctance _____

⑳ relinquish _____

㉑ longstanding _____

㉒ responsibility _____

㉓ refusal _____

㉔ contemplate _____

어휘 복습 ANSWER

① master	익히다, 숙달하다	⑬ concentrate	집중하다, 전념하다
② crucial	중요한, 중대한, 결정적인	⑭ promote	촉진하다, 홍보하다, 승진시키다
③ senior	고위의, 상급의, 연장자	⑮ propel	나아가게 하다, 추진하다
④ executive	경영진, 이사	⑯ let down	~를 실망시키다
⑤ have yet to부정사	아직 ~하지 않았다	⑰ stem from	~에 기인한다, ~에 유래하다
⑥ grasp	이해하다, 움켜잡다	⑱ invincible	무적의, 이길 수 없는
⑦ overburden	과중한 부담을 주다	⑲ reluctance	꺼림, 싫음
⑧ substantial	상당한, 물질의, 실체의, 실질적인	⑳ relinquish	포기하다, 그만두다
⑨ decisively	단호히, 결정적으로	㉑ longstanding	오래된, 다년간의
⑩ decline	거절하다, 줄어들다, 감소, 하락	㉒ responsibility	책임, 책무, 의무
⑪ certain	특정한, 확실한, 확신하는	㉓ refusal	거절, 거부
⑫ liberate	자유롭게 해주다, 해방시키다	㉔ contemplate	생각하다, 고려하다, 숙고하다

④ 지문 해석 확인하기

'아니오'라고 말하는 기술을 익히는 것은 매우 중요하다. 이미 이 기술을 배웠다면, 잘 해냈을 것이다. 놀랍게도 고위 경영자 위치에 있는 많은 사람들이 이 개념을 아직 이해하지 못하고 있다. 나는 과도하게 긴 시간 동안 일하면서 자신에게 과중한 부담을 주는 최고위급 리더들과 함께 일해왔다. 요구사항을 충족시키는 것의 어려움이 상당하지만, 또 다른 중요한 문제는 요구사항을 단호하게 거절하는 데 어려움을 겪는다는 것이다. 특정 업무에 대해 '아니오'라고 말하는 것은 성공을 촉진하고 조직을 발전시키는 활동에 집중할 수 있도록 당신을 자유롭게 할 수 있다. 다른 사람을 실망시킬 것에 대한 두려움에서 비롯하든, 무적처럼 보이려는 것을 피하고 싶은 욕망에서 기인하든, 더 이상 필요하지 않을 수도 있는 오래된 책임을 포기하기를 꺼리는 것에서 비롯하든 거절을 어렵게 만드는 이유를 살펴볼 필요가 있다. 대신 가장 중요한 목표에 부합하는 업무에 우선순위를 두고 '예'라고 말할 수 있는 장점을 생각해 보자.

Unit 02 | 2025년 출제 기조 전환 연습 문제 ❸

1 문제 풀어보기

03 밑줄 친 부분에 들어갈 말로 가장 적절한 것은?

제한시간 1분 30초 ~ 2분

Text messages facilitate complete conversations without the need to directly interact with the recipient. For instance, if my mom asks a question, I can conveniently respond via her cellphone. When refueling at a gas station, I can opt to use my credit card at the pump rather than greeting the attendant, thus avoiding face-to-face interaction. I've noticed a growing tendency to rely on email to manage tasks that traditionally involve conversation, preferring the convenience and efficiency it offers over direct interpersonal communication. The technology devoted to helping me keep in touch with others _____. I own a mobile phone, credit card, and email account — they are great for their intended purposes. But it's the unintended consequences that sadden me. What good is all this incredible technology if there is no one around to hear me exclaim "Incredible"?

① gives me freedom
② is making me lazy
③ has advanced a lot
④ has made me lonely

② 문제 풀이 전략 학습하기

'빈칸 추론' 문제 풀이 전략

STEP ① 지문을 빠르게 읽으며 주제문 확인하기

주제문	**Text messages facilitate complete conversations** without the need to directly interact with the recipient. 문자 메시지는 수신자와 직접 상호 작용할 필요 없이 완전한 대화를 가능하게 한다. What good is **all this incredible technology** if **there is no one around to hear me exclaim "Incredible"?** 내가 "믿을 수 없다"라고 외치는 것을 들을 수 있는 사람이 아무도 없다면 이 모든 놀라운 기술이 무슨 소용이 있을까?

STEP ② 빈칸에서 요구하는 정보 확인하고 빈칸 전과 후의 내용 확인하기

✏️ 빈칸 위치에 따른 단서 문장 확인하기

빈칸 전	I've noticed a growing tendency to rely on email to manage tasks that traditionally involve conversation, **preferring the convenience and efficiency it offers** over direct interpersonal communication. 나는 직접적인 대인 의사소통보다 이메일이 제공하는 편리함과 효율성을 선호하여 전통적으로 대화와 관련된 업무를 처리하기 위해 이메일에 의존하는 경향이 점점 더 증가하고 있음을 알게 되었다.
빈칸 문장	**The technology devoted to helping me keep in touch with others has made me lonely**. 내가 다른 사람들과 연락할 수 있도록 돕는 것에 전념한 기술이 <u>나를 외롭게 만들었다</u>.
빈칸 후	I own **a mobile phone, credit card, and email account** — they are great for their intended purposes. But **it**'s the **unintended consequences that sadden me**. 나는 휴대폰, 신용카드, 그리고 이메일 계정을 소유하고 있으며 이것들은 본래의 목적으로는 훌륭하다. 하지만 의도치 않은 결과들이 나를 슬프게 한다.

STEP ③ 단서 확인 후 소거법으로 선택지에서 정답 선택하기

선택지 분석	① gives me ~~freedom~~ 나에게 자유를 준다 ② is making me ~~lazy~~ 나를 게으르게 만들고 있다 ③ has ~~advanced~~ a lot 많이 발전했다 ④ has made me lonely 나를 외롭게 만들었다

정답 ④

난이도 ▮▮▮

③ 중요 표현 복습하기

어휘 복습 TEST

❶ facilitate _____

❷ conversation _____

❸ recipient _____

❹ respond _____

❺ refuel _____

❻ greet _____

❼ attendant _____

❽ face-to-face _____

❾ tendency _____

❿ rely on _____

⓫ involve _____

⓬ prefer _____

⓭ convenience _____

⓮ keep in touch with _____

⓯ email account _____

⓰ purpose _____

⓱ unintended _____

⓲ consequence _____

⓳ incredible _____

⓴ exclaim _____

어휘 복습 ANSWER

❶ facilitate 가능하게[용이하게] 하다
❷ conversation 대화, 회화
❸ recipient 받는 사람, 수령인
❹ respond 반응하다, 대응하다
❺ refuel 주유하다, 급유하다
❻ greet 인사하다, 환영하다, 받아들이다
❼ attendant 종업원, 참석자, 수행원
❽ face-to-face 대면하는, 마주보는
❾ tendency 경향, 성향, 추세
❿ rely on 의존하다, 의지하다

⓫ involve 관련시키다, 참여시키다, 포함하다
⓬ prefer 선호하다, 좋아하다
⓭ convenience 편의, 편리
⓮ keep in touch with ~와 연락하다, 접촉하다
⓯ email account 이메일 계정
⓰ purpose 목적, 의도
⓱ unintended 의도하지 않은
⓲ consequence 결과, 중요함
⓳ incredible 믿을 수 없는, 믿기 힘든
⓴ exclaim 외치다, 소리치다

④ 지문 해석 확인하기

문자 메시지는 받는 사람과 직접 상호 작용할 필요 없이 완전한 대화를 가능하게 한다. 예를 들어, 엄마가 질문을 하면, 나는 엄마의 휴대전화로 편리하게 응답할 수 있다. 주유소에서 주유를 할 때도 나는 종업원에게 인사하는 대신 주유기에서 신용카드를 사용하여 대면 상호 작용을 피할 수 있다. 나는 직접적인 대인 의사소통보다 이메일이 제공하는 편리함과 효율성을 선호하여 전통적으로 대화와 관련된 업무를 처리하기 위해 이메일에 의존하는 경향이 점점 더 증가하고 있음을 알게 되었다. 내가 다른 사람들과 연락할 수 있도록 돕는 것에 전념한 기술이 <u>나를 외롭게 만들었다</u>. 나는 휴대폰, 신용카드, 그리고 이메일 계정을 소유하고 있으며 이것들은 본래의 목적으로는 훌륭하다. 하지만 의도치 않은 결과들이 나를 슬프게 한다. 내가 "믿을 수 없다"라고 외치는 것을 들을 수 있는 사람이 아무도 없다면 이 모든 놀라운 기술이 무슨 소용이 있을까?

Unit 02 | 2025년 출제 기조 전환 연습 문제 ❹

① 문제 풀어보기

04 밑줄 친 부분에 들어갈 말로 가장 적절한 것은?　　⏰ 제한시간 1분 30초 ~ 2분

The fairy tale endures because ＿＿＿＿＿＿＿＿＿＿＿＿＿＿. Sometimes, complex truths are best understood when they are portrayed in exaggerated and fantastical ways. Take "Hansel and Gretel," for example, where the narrative dramatizes the realities of parental neglect or emotional abandonment. The story vividly illustrates how some parents may physically abandon their children, while others, represented by the witch, may emotionally smother or try to control them, akin to possession or consumption. Similarly, in "Beauty and the Beast," the tale suggests that beneath a frightening exterior, a good-hearted person can reside, and that true love has the transformative power to tame even the wildest of hearts. Each fairy tale, whether ancient folklore or modern adaptation, conveys its own unique message. Yet, their collective achievement lies in their ability to illuminate profound truths through symbolic and heightened storytelling.

① it shows good always defeats evil

② it relieves the anguish of ordinary people

③ its unique settings are different from reality

④ it presents experience in a vivid, symbolic form

② 문제 풀이 전략 학습하기

'빈칸 추론' 문제 풀이 전략

STEP ① 지문을 빠르게 읽으며 주제문 확인하기

주제문	Yet, **their collective achievement lies in their ability to illuminate profound truths through symbolic and heightened storytelling.** 그러나 이들의 공통된 성취는 상징적이고 과장된 이야기 방식을 통해 심오한 진실을 밝히는 능력에 있다.

STEP ② 빈칸에서 요구하는 정보 확인하고 빈칸 전과 후의 내용 확인하기

🖉 빈칸 위치에 따른 단서 문장 확인하기

빈칸 문장	**The fairy tale endures** because **it presents experience in a vivid, symbolic form.** 동화는 <u>생생하고 상징적인 형태로 경험을 제시하기</u> 때문에 지속된다.
빈칸 후	Sometimes, **complex truths are best understood when they are portrayed in exaggerated and fantastical ways**. 때로는 복잡한 진실은 과장되고 환상적인 방식으로 묘사될 때 가장 잘 이해된다.

STEP ③ 단서 확인 후 소거법으로 선택지에서 정답 선택하기

선택지 분석	① it shows ~~good~~ always defeats ~~evil~~ 그것은 선이 항상 악을 물리친다는 것을 보여준다 ② it relieves the ~~anguish~~ of ordinary people 그것은 보통 사람들의 고뇌를 덜어준다 ③ its unique settings are ~~different from reality~~ 그것의 독특한 설정은 현실과 다르다 ④ it presents experience in a vivid, symbolic form 그것은 생생하고 상징적인 형태로 경험을 제시한다

정답 ④

난이도 ▊▊▊▯

③ 중요 표현 복습하기

어휘 복습 TEST

❶ fairy tale _____

❷ endure _____

❸ portray _____

❹ exaggerate _____

❺ narrative _____

❻ fantastical _____

❼ dramatize _____

❽ parental _____

❾ neglect _____

❿ abandonment _____

⓫ witch _____

⓬ represent _____

⓭ smother _____

⓮ akin to _____

⓯ possession _____

⓰ beneath _____

⓱ exterior _____

⓲ reside _____

⓳ transformative _____

⓴ folklore _____

㉑ adaptation _____

㉒ illuminate _____

㉓ profound _____

㉔ heighten _____

㉕ anguish _____

어휘 복습 ANSWER

❶	fairy tale	동화, 꾸며낸 이야기
❷	endure	지속되다, 견디다, 참다
❸	portray	묘사하다, 그리다
❹	exaggerate	과장하다
❺	narrative	이야기, 서술, 묘사
❻	fantastical	환상적인
❼	dramatize	극적으로 보이게 하다, 각색하다
❽	parental	부모의
❾	neglect	방치하다, 등한시하다, 방치, 소홀
❿	abandonment	유기, 버림, 포기
⓫	witch	마녀
⓬	represent	대표[대신]하다, 나타내다
⓭	smother	억압하다, 질식(사)시키다

⓮	akin to	~에 유사한, ~와 같은
⓯	possession	소유, 보유
⓰	beneath	아래에, ~보다 못한
⓱	exterior	외부, 겉(모습), 외부의, 겉의
⓲	reside	살다, 거주하다
⓳	transformative	변형의, 변화시키는
⓴	folklore	민속, 전통 문화
㉑	adaptation	각색, 적응
㉒	illuminate	밝히다, 분명히 하다, 비추다
㉓	profound	심오한, 깊은
㉔	heighten	과장하다, 고조시키다, 높이다
㉕	anguish	고뇌, 괴로움, 비통

Chapter 05

④ 지문 해석 확인하기

동화는 생생하고 상징적인 형태로 경험을 제시하기 때문에 지속된다. 때로는 복잡한 진실은 과장되고 환상적인 방식으로 묘사될 때 가장 잘 이해된다. 예를 들어, "헨젤과 그레텔"을 보면, 이 이야기는 부모의 방치 또는 정서적 유기의 현실을 극적으로 보이게 한다. 이 이야기는 어떤 부모들은 자신의 아이를 물리적으로 버릴 수 있지만, 마녀로 대표되는 다른 부모들은 소유나 소비와 같이 감정적으로 아이를 억압하거나 통제하려고 할 수 있음을 생생하게 보여준다. 마찬가지로, "미녀와 야수"에서는 두려운 외면 아래에 선한 마음을 가진 사람이 있을 수 있으며, 진정한 사랑은 가장 거친 마음조차 길들일 수 있는 변형적인 힘을 가지고 있음을 시사한다. 고대의 민속이든 현대의 각색이든, 각각의 동화는 고유한 메시지를 전달한다. 그러나 이들의 공통된 성취는 상징적이고 과장된 이야기 방식을 통해 심오한 진실을 밝히는 능력에 있다.

Unit 02 2025년 출제 기조 전환 연습 문제 ❺

① 문제 풀어보기

05 밑줄 친 부분에 들어갈 말로 가장 적절한 것은? 🕐 제한시간 1분 30초 ~ 2분

John Meyer, an international development expert, has made a deliberate choice to abstain from air travel for his vacations. According to John, this decision is motivated not only by environmental concerns but also by a desire to appreciate local surroundings and adopt a more relaxed travel approach. Instead of opting for a quick flight to Spain, John and his family now embark on a leisurely sleeper train journey from London to the west coast of Scotland. Their days are spent freely exploring the lakes and islands, engaging in activities like hiking, cooking, and unwinding amidst natural landscapes. The journey itself, often traversing scenic single-track routes where the train curves and provides a unique view from both ends, forms an integral part of their travel experience. The fact that it takes three times longer than flying is irrelevant. For John and his family, enjoying breakfast in bed while chugging past some of the world's most beautiful scenery _____.

① is the end, not just the means to get there
② is more expensive than they expected
③ requires them to plan the trip thoroughly
④ is more economical in time and expenses

② 문제 풀이 전략 학습하기

'빈칸 추론' 문제 풀이 전략

STEP ① 지문을 빠르게 읽으며 주제문 확인하기

주제문	According to John, **this decision** is motivated not only by environmental concerns but also by a desire to **appreciate local surroundings and adopt a more relaxed travel approach**. John에 따르면, 이 결정은 환경적인 우려뿐만 아니라 현지 주변을 감상하고 좀 더 여유 있는 여행 접근 방식을 채택하려는 욕구에 의해 동기가 부여된다고 한다.

STEP ② 빈칸에서 요구하는 정보 확인하고 빈칸 전과 후의 내용 확인하기

✏️ 빈칸 위치에 따른 단서 문장 확인하기

빈칸 전	**The journey itself**, often traversing scenic single-track routes where the train curves and provides a unique view from both ends, **forms an integral part of their travel experience**. 기차가 굽어지면서 양쪽 끝에서 독특한 경치를 제공하는 경치가 좋은 단선 노선을 횡단하는 그 여행 자체가 여행 경험의 중요한 부분을 이룬다.
빈칸 문장	For John and his family, **enjoying breakfast in bed while chugging past some of the world's most beautiful scenery is the end, not just the means to get there**. John과 그의 가족들에게, 세상에서 가장 아름다운 경치 중 일부를 지나가며 침대에서 아침을 즐기는 것은 단지 그곳에 도착하는 수단이 아닌 그 자체로 목적이다.

STEP ③ 단서 확인 후 소거법으로 선택지에서 정답 선택하기

선택지 분석	① is the end, not just the means to get there 　단지 그곳에 도착하는 수단이 아닌 그 자체로 목적이다 ② is more ~~expensive~~ than they expected 　그들이 예상했던 것보다 더 비싸다 ③ requires them to ~~plan~~ the trip thoroughly 　그들이 여행을 철저히 계획하는 것을 요구한다 ④ is more ~~economical~~ in time and expenses 　시간과 비용 면에서 더 경제적이다

정답 ①

난이도 ▮▮▯

③ 중요 표현 복습하기

어휘 복습 TEST

1 international _____

2 expert _____

3 deliberate _____

4 abstain from _____

5 motivate _____

6 appreciate _____

7 surrounding _____

8 adopt _____

9 opt for _____

10 flight _____

11 leisurely _____

12 coast _____

13 engage in _____

14 unwind _____

15 amidst _____

16 traverse _____

17 landscape _____

18 scenic _____

19 irrelevant _____

20 chug _____

21 scenery _____

22 thoroughly _____

어휘 복습 ANSWER

❶ international — 국제적인, 국가 간의

❷ expert — 전문가, 전문가의, 숙련된

❸ deliberate — 의도적인, 신중한, 숙고하다

❹ abstain from — ~을 삼가다, 그만두다

❺ motivate — 동기를 부여하다, 자극하다

❻ appreciate — 감상하다, 감사하다, 평가하다, 인정하다

❼ surrounding — 주변, 환경, 주위의, 인근의

❽ adopt — 채택하다, 입양하다

❾ opt for — ~을 선택하다

❿ flight — 비행, 항공편

⓫ leisurely — 느긋하게, 한가한, 여유있는

⓬ coast — 해안, 연안

⓭ engage in — 참여하다, 종사하다

⓮ unwind — 휴식을 취하다, 긴장을 풀다

⓯ amidst — 가운데[중]에

⓰ traverse — 횡단하다, 가로지르다

⓱ landscape — 경치, 풍경, 조경을 하다

⓲ scenic — 경치 좋은, 무대 장치의

⓳ irrelevant — 무관한, 상관없는

⓴ chug — (소리를 내며) 지나가다

㉑ scenery — 경치, 풍경

㉒ thoroughly — 철저히, 완전히

Chapter 05

④ 지문 해석 확인하기

국제 개발 전문가인 John Meyer가 휴가를 위해 비행기 여행을 삼가는 의도적인 선택을 내렸다. John에 따르면, 이 결정은 환경적인 우려뿐만 아니라 현지 주변을 감상하고 좀 더 여유 있는 여행 접근 방식을 채택하려는 욕구에 의해 동기가 부여된다고 한다. John과 그의 가족은 스페인으로 가는 빠른 비행기를 선택하는 대신, 이제 런던에서 스코틀랜드 서해안까지 느긋하게 잠자는 기차 여행을 떠난다. 그들의 하루는 자연 경관 속에서 하이킹, 요리, 휴식 취하기와 같은 활동에 참여하며 호수와 섬을 자유롭게 탐험하며 보낸다. 기차가 굽어지면서 양쪽 끝에서 독특한 경치를 제공하는 경치가 좋은 단선 노선을 횡단하는 그 여행 자체가 여행 경험의 중요한 부분을 이룬다. 비행기 여행이 3배나 더 오래 걸리는 사실은 무관하다. John과 그의 가족들에게, 세상에서 가장 아름다운 경치 중 일부를 지나가며 침대에서 아침을 즐기는 것은 단지 그곳에 도착하는 수단이 아닌 그 자체로 목적이다.

Unit 02 2025년 출제 기조 전환 연습 문제 ❻

1 문제 풀어보기

06 밑줄 친 부분에 들어갈 말로 가장 적절한 것은? 제한시간 1분 30초 ~ 2분

> In earlier epochs, the term "art" served to distinguish human creations from those of nature, often blurring the line between artists and artisans. Individuality was less emphasized, and creative endeavors often relied on imitation or borrowing. Artists were frequently guided on what and when to create. For example, J.S. Bach, renowned as a church composer, faced the formidable challenge of composing new music weekly. Between 1704 and 1744, he crafted an impressive 300 church cantatas, yet only one was published during his lifetime. Similarly, Domenico Scarlatti, a contemporary of Bach, composed over 600 harpsichord sonatas for Maria Barbara, the future Queen of Spain, but only 30 were published during his lifetime. It means that artists could not _____ by the mid-1700s.

① leave their home country
② establish their independence
③ spend money on education
④ hide their lack of knowledge

② 문제 풀이 전략 학습하기

'빈칸 추론' 문제 풀이 전략

STEP ① 지문을 빠르게 읽으며 주제문 확인하기

주제문	**Individuality was less emphasized**, and **creative endeavors** often **relied on imitation or borrowing**. 개성은 덜 강조되었고, 창조적인 노력들은 종종 모방이나 차용에 의존했다 **Artists were frequently guided on what and when to create**. 예술가들은 무엇을 언제 창작해야 할지에 대해 종종 지침을 받았다.

STEP ② 빈칸에서 요구하는 정보 확인하고 빈칸 전과 후의 내용 확인하기

✏️ 빈칸 위치에 따른 단서 문장 확인하기

빈칸 전	Similarly, **Domenico Scarlatti**, a contemporary of Bach, **composed over 600 harpsichord sonatas** for Maria Barbara, the future Queen of Spain, but **only 30 were published during his lifetime**. 마찬가지로, Bach의 동시대의 인물인 Domenico Scarlatti는 미래의 스페인의 여왕인 Maria Barbara를 위해 600곡 이상의 하프시코드 소나타들을 작곡했지만, 그의 생애 동안 단지 30곡만이 발표되었다.
빈칸 문장	It means that **artists could not establish their independence** by the mid-1700s. 이는 1700년대 중반까지 예술가들이 <u>그들의 독립성을 확립할 수 없었다</u>는 것을 의미한다.

STEP ③ 단서 확인 후 소거법으로 선택지에서 정답 선택하기

선택지
분석
	① ~~leave their home~~ country
	   자신의 본국을 떠나다
	② establish their independence
	   그들의 독립성을 확립하다
	③ ~~spend money~~ on education
	   교육에 돈을 쓰다
	④ hide their ~~lack of knowledge~~
	   그들의 지식의 부족을 숨기다

정답 ②

난이도 ▮▮▮

③ 중요 표현 복습하기

어휘 복습 TEST

① epoch _____

② distinguish _____

③ nature _____

④ blur _____

⑤ artisan _____

⑥ emphasize _____

⑦ endeavor _____

⑧ imitation _____

⑨ borrowing _____

⑩ renowned _____

⑪ composer _____

⑫ formidable _____

⑬ impressive _____

⑭ craft _____

⑮ cantata _____

⑯ publish _____

⑰ contemporary _____

⑱ harpsichord _____

⑲ mean _____

⑳ independence _____

어휘 복습 ANSWER

❶ epoch	시대, 세(世)	
❷ distinguish	구별하다, 식별하다	
❸ nature	자연, 본성	
❹ blur	흐려지다, 흐릿해지다	
❺ artisan	장인, 기능공, 숙련공	
❻ emphasize	강조하다, 역설하다	
❼ endeavor	노력, 노력하다	
❽ imitation	모방, 모조품, 흉내내기	
❾ borrowing	차용, 대출	
❿ renowned	유명한, 명성 있는	

⑪ composer	작곡가
⑫ formidable	만만찮은, 무서운, 가공할
⑬ impressive	인상적인, 감명 깊은
⑭ craft	(수)공예, 기술
⑮ cantata	칸타타(독창·중창·합창 따위로 이루어진 성악곡)
⑯ publish	출판하다, 발행하다, 발표하다
⑰ contemporary	동시대의, 현대의, 동시대인
⑱ harpsichord	하프시코드(16~18세기의 건반 악기, 피아노의 전신)
⑲ mean	의미하다, 뜻하다, 인색한, 비열한
⑳ independence	독립(성), 자립(성)

④ 지문 해석 확인하기

이전 시대에, "예술"이라는 용어는 인간의 창작물을 자연의 것들과 구별하는 데 사용되었으며, 종종 예술가들과 장인들 사이의 경계가 흐려졌다. 개성은 덜 강조되었고, 창조적인 노력들은 종종 모방이나 차용에 의존했다. 예술가들은 무엇을 언제 창작해야 할지에 대해 종종 지침을 받았다. 예를 들어, 교회 작곡가로 유명한 J.S. Bach는 매주 새로운 음악을 작곡해야 하는 만만찮은 도전에 직면했다. 1704년과 1744년 사이에, 그는 인상적인 300곡의 교회 칸타타를 만들었지만, 그의 생애 동안 단 하나만 발표되었다. 마찬가지로, Bach의 동시대의 인물인 Domenico Scarlatti는 미래의 스페인의 여왕인 Maria Barbara를 위해 600곡 이상의 하프시코드 소나타들을 작곡했지만, 그의 생애 동안 단지 30곡만이 발표되었다. 이는 1700년대 중반까지 예술가들이 <u>그들의 독립성을 확립할 수 없었다</u>는 것을 의미한다.

Chapter 05

Unit 02 | 2025년 출제 기조 전환 연습 문제 ❼

① 문제 풀어보기

07 밑줄 친 부분에 들어갈 말로 가장 적절한 것은?   제한시간 1분 30초 ~ 2분

From an evolutionary perspective, offspring play a pivotal role as carriers of their parents' genes, ensuring their propagation to subsequent generations. Without these carriers, an individual's genetic heritage would be at risk of extinction. Given the paramount importance of offspring in gene transmission, it is reasonable to anticipate that natural selection favors robust mechanisms in parents to safeguard the survival and reproductive success of their progeny. Aside from the challenges associated with mating, securing the well-being and prosperity of offspring stands as one of the most critical adaptive priorities. Without thriving offspring, any investment an organism makes in mating would ultimately prove biologically futile. Therefore, Evolution, in short, should produce a rich repertoire of parenting mechanisms specially adapted to _____.

① ignoring genetic relatedness
② forming lasting friendships
③ caring for offspring
④ finding a mate

② 문제 풀이 전략 학습하기

'빈칸 추론' 문제 풀이 전략

STEP ① 지문을 빠르게 읽으며 주제문 확인하기

주제문	**From an evolutionary perspective**, **offspring** play a pivotal role as carriers of their parents' genes, ensuring their propagation to subsequent generations. 진화론적 관점에서 자손은 부모의 유전자 전달자로서 중요한 역할을 하며, 이는 다음 세대에 그들의 번식을 보장한다. Aside from the challenges associated with mating, **securing the well-being and prosperity of offspring** stands as **one of the most critical adaptive priorities**. 짝짓기와 관련된 문제를 제외하고, 자손의 안녕과 번성을 확보하는 것은 가장 중요한 적응 우선순위 중 하나이다.

STEP ② 빈칸에서 요구하는 정보 확인하고 빈칸 전과 후의 내용 확인하기

✏ 빈칸 위치에 따른 단서 문장 확인하기

빈칸 전	Without **thriving offspring**, any investment an organism makes in mating would ultimately prove **biologically** futile. 번성하는 자손이 없다면, 짝짓기에 투입한 모든 투자는 궁극적으로 생물학적으로 소용없는 것으로 판명될 것이다.
빈칸 문장	Therefore, **Evolution**, in short, should produce a rich repertoire of parenting mechanisms specially adapted to **caring for offspring**. 따라서 간단히 말해, 진화는 <u>자손을 보살피는 것</u>에 특별히 적응된 양육 방법의 다양한 목록을 만들어내야 한다.

STEP ③ 단서 확인 후 소거법으로 선택지에서 정답 선택하기

선택지 분석	① ignoring ~~genetic relatedness~~ 유전적 관련성을 무시하는 것 ② forming ~~lasting friendships~~ 지속적인 우정을 쌓는 것 ③ caring for offspring 자손을 보살피는 것 ④ finding ~~a mate~~ 짝을 찾는 것

정답 ③

난이도

③ 중요 표현 복습하기

어휘 복습 TEST

❶ evolutionary _____

❷ perspective _____

❸ offspring _____

❹ play a role _____

❺ gene _____

❻ propagation _____

❼ subsequent _____

❽ heritage _____

❾ extinction _____

❿ given (that) _____

⓫ paramount _____

⓬ transmission _____

⓭ anticipate _____

⓮ robust _____

⓯ progeny _____

⓰ aside from _____

⓱ prosperity _____

⓲ adaptive _____

⓳ priority _____

⓴ futile _____

㉑ repertoire _____

㉒ mechanism _____

어휘 복습 ANSWER

❶	evolutionary	진화의, 점진적인	⑫	transmission	전파, 전염, 전송
❷	perspective	관점, 시각, 원근법	⑬	anticipate	예측하다, 예상하다, 기대하다
❸	offspring	자손, 자식, 새끼	⑭	robust	강력한, 튼튼한, 굳건한
❹	play a role	역할을 하다	⑮	progeny	자손
❺	gene	유전자	⑯	aside from	~을 제외하고, ~외에는
❻	propagation	번식, 증식, 전달	⑰	prosperity	번성, 번영
❼	subsequent	그 다음의, 차후의	⑱	adaptive	적응할 수 있는, 조정의
❽	heritage	(국가·사회의) 유산, 세습, 재산	⑲	priority	우선순위, 우선(권)
❾	extinction	멸종, 소멸	⑳	futile	소용없는, 헛된
❿	given (that)	~을 고려하면	㉑	repertoire	목록, 레퍼토리
⑪	paramount	가장 중요한, 최고의	㉒	mechanism	방법, 구조, 기계 장치

④ 지문 해석 확인하기

진화론적 관점에서 자손은 부모의 유전자 전달자로서 중요한 역할을 하며, 이는 그 다음 세대에 그들의 번식을 보장한다. 이러한 전달자가 없다면, 개인의 유전적 유산은 멸종의 위험에 처할 수 있다. 자손이 유전자 전달에 있어 매우 중요한 점을 고려하면, 자연 선택은 부모가 자손의 생존과 번식 성공을 보장하기 위해 강력한 방법을 선호할 것이라고 예측하는 것이 합리적이다. 짝짓기와 관련된 문제를 제외하고, 자손의 안녕과 번성을 확보하는 것은 가장 중요한 적응 우선순위 중 하나이다. 번성하는 자손이 없다면, 짝짓기에 투입한 모든 투자는 궁극적으로 생물학적으로 소용없는 것으로 판명될 것이다. 따라서 간단히 말해, 진화는 <u>자손을 보살피는 것</u>에 특별히 적응된 양육 방법의 다양한 목록을 만들어내야 한다.

Unit 02 | 2025년 출제 기조 전환 연습 문제 ❽

1 문제 풀어보기

08 밑줄 친 부분에 들어갈 말로 가장 적절한 것은?   ⏰ 제한시간 1분 30초 ~ 2분

One significant aspect of attention is its ability _____. When tasks are consistent and stimuli are predictable, our responses can become automatic with practice, operating without conscious attention. This phenomenon enables us to efficiently allocate our attentional resources across various tasks. Tasks that demand minimal mental effort leave us with greater cognitive capacity to address additional challenges simultaneously. This flexibility in attention allocation allows us to adapt to varying environmental demands. For example, while driving home from work on familiar routes, we can navigate almost effortlessly while engaging in a detailed conversation about marketing strategies. This ability highlights our adeptness at managing multiple tasks by strategically distributing attention according to situational requirements.

① to be divided
② to do an interactive activity
③ to make a lot of mental effort
④ to focus on a single task

② 문제 풀이 전략 학습하기

'빈칸 추론' 문제 풀이 전략

STEP ① 지문을 빠르게 읽으며 주제문 확인하기

주제문	**This ability** highlights our adeptness at managing multiple tasks by strategically **distributing attention** according to situational requirements. 이러한 능력은 상황적 요구 사항에 따라 전략적으로 주의를 분배함으로써 여러 작업을 관리하는 우리의 능숙함을 강조한다. This flexibility in **attention allocation** allows us to adapt to varying environmental demands. 이러한 주의 할당의 유연성은 변화하는 환경 요구에 적응할 수 있게 한다.

STEP ② 빈칸에서 요구하는 정보 확인하고 빈칸 전과 후의 내용 확인하기

✎ 빈칸 위치에 따른 단서 문장 확인하기

빈칸 문장	One significant aspect of **attention** is **its ability to be divided**. 주의력의 중요한 측면 중 하나는 그것의 분할될 수 있는 능력이다.
빈칸 후	**This phenomenon** enables us to efficiently **allocate our attentional resources across various tasks**. 이러한 현상은 다양한 작업에 우리의 주의 자원을 효율적으로 할당할 수 있도록 해준다.

STEP ③ 단서 확인 후 소거법으로 선택지에서 정답 선택하기

선택지 분석	① to be divided 　분할될 수 있는 ② to do an ~~interactive activity~~ 　상호작용적인 활동을 하는 ③ to make a lot of ~~mental effort~~ 　많은 정신적인 노력을 하는 ④ to focus on ~~a single task~~ 　하나의 과제에 집중하는

정답 ①

난이도 ▯▮▮▯

③ 중요 표현 복습하기

어휘 복습 TEST

❶ attention

❷ divided

❸ predictable

❹ response

❺ automatic

❻ conscious

❼ phenomenon

❽ allocate

❾ demand

❿ minimal

⑪ cognitive

⑫ capacity

⑬ simultaneously

⑭ flexibility

⑮ adapt

⑯ varying

⑰ familiar

⑱ effortlessly

⑲ adeptness

⑳ distribute

어휘 복습 ANSWER

❶ attention	주의, 주목, 관심, 흥미	
❷ divided	분할된, 분리된	
❸ predictable	예측할 수 있는	
❹ response	반응, 대응, 대답	
❺ automatic	자동의, 무의식적인	
❻ conscious	의식적인, 의도적인, 자각하는	
❼ phenomenon	현상, 경이로운 사람	
❽ allocate	할당하다	
❾ demand	요구하다, 필요로 하다, 요구	
❿ minimal	최소의, 아주 적은	
⓫ cognitive	인식[인지]의	
⓬ capacity	능력, 지위, 용량, 수용력	
⓭ simultaneously	동시에	
⓮ flexibility	유연성, 신축성	
⓯ adapt	적응하다, 조정하다, 각색하다	
⓰ varying	변화하는, 바뀌는	
⓱ familiar	익숙한, 친숙한	
⓲ effortlessly	쉽게, 노력 없이	
⓳ adeptness	숙련, 능숙함, 뛰어남	
⓴ distribute	분배하다, 유통시키다	

Chapter 05

④ 지문 해석 확인하기

주의의 중요한 측면 중 하나는 그것이 분할될 수 있는 능력이다. 작업이 일관되고 자극이 예측 가능할 때 우리의 반응은 연습을 통해 자동으로 이루어질 수 있으며, 이는 의식적인 주의 없이 작동할 수 있다. 이러한 현상은 다양한 작업에 우리의 주의 자원을 효율적으로 할당할 수 있도록 해준다. 최소한의 정신적 노력을 요구하는 작업은 우리에게 추가적인 과제를 동시에 해결할 수 있는 더 큰 인지 능력을 남긴다. 이러한 주의 할당의 유연성은 변화하는 환경 요구에 적응할 수 있게 한다. 예를 들어, 익숙한 경로로 퇴근하고 집으로 운전하는 동안 마케팅 전략에 대한 자세한 대화에 참여하면서 거의 쉽게 탐색할 수 있다. 이 능력은 상황적 요구 사항에 따라 주의를 전략적으로 분배함으로써 여러 작업을 관리하는 우리의 능숙함을 강조한다.

Unit 02 │ 2025년 출제 기조 전환 연습 문제 ❾

① 문제 풀어보기

09 밑줄 친 부분에 들어갈 말로 가장 적절한 것은?   🕒 제한시간 1분 30초 ~ 2분

In classic experiments, rats quickly learned to avoid foods that made them sick after consuming them, even after just one trial. However, when exposed to light and sound signals followed by sickness induced by radiation, the rats did not learn to avoid these signals even after repeated trials. Interestingly, the rats readily learned to avoid these signals when they received electric shocks instead. This suggests that the rats interpreted sickness after eating as directly caused by the food itself, leading them to avoid it. In contrast, they did not associate sickness with the light and sound signals, perceiving them as unrelated to causing illness. The results suggest that the rats behaved as though they assumed that if they became sick this must have been caused by _____, but that exposure to noises and lights were not the sorts of thing that could cause sickness.

① something they ate
② a pair of electric shocks
③ unavoidable exposure to radiation
④ repeating a series of trials and errors

② 문제 풀이 전략 학습하기

'빈칸 추론' 문제 풀이 전략

STEP ① 지문을 빠르게 읽으며 주제문 확인하기

주제문	This suggests that **the rats interpreted sickness after eating** as directly caused by the food itself, leading them to avoid it. 이는 쥐들이 음식을 먹고 난 후 질병을 음식 자체에 의한 직접적인 원인으로 해석하여 이를 피하게 했음을 시사한다.

STEP ② 빈칸에서 요구하는 정보 확인하고 빈칸 전과 후의 내용 확인하기

🖉 빈칸 위치에 따른 단서 문장 확인하기

빈칸 전	In contrast, they did **not associate sickness with the light and sound signals**, perceiving them as unrelated to causing illness. 이와는 대조적으로, 그들은 질병을 빛과 소리 신호와 연관시키지 않았으며, 이를 질병을 일으키는 것과는 무관한 것으로 인식했다.
빈칸 문장	The results suggest that **the rats** behaved as though **they** assumed that if **they became sick this must have been caused by something they ate**, but that exposure to noises and lights were not the sorts of thing that could cause sickness. 그 결과는 쥐들이 질병에 걸렸을 경우, <u>그들이 먹은 것</u> 때문에 발생했을 것이라고 가정했지만, 소음과 빛에 노출되는 것이 질병을 일으킬 수 있는 종류의 것이 아니라고 가정한 것처럼 행동했음을 시사한다.

STEP ③ 단서 확인 후 소거법으로 선택지에서 정답 선택하기

선택지 분석	① something they ate 그들이 먹은 것 ② a pair of ~~electric shocks~~ 한 쌍의 전기 충격 ③ unavoidable exposure to ~~radiation~~ 피할 수 없는 방사선 노출 ④ repeating a series of ~~trials and errors~~ 시행착오의 반복

정답 ①

난이도 ▮▮▯

③ 중요 표현 복습하기

어휘 복습 TEST

① classic _____

② trial _____

③ avoid _____

④ consume _____

⑤ expose _____

⑥ induce _____

⑦ radiation _____

⑧ repeated _____

⑨ instead _____

⑩ interpret _____

⑪ sickness _____

⑫ associate _____

⑬ perceive _____

⑭ illness _____

⑮ behave _____

⑯ assume _____

⑰ exposure _____

⑱ sort _____

⑲ unavoidable _____

⑳ radiation _____

어휘 복습 ANSWER

❶ classic	고전적인, 전형적인, 일류의	
❷ trial	실험, 시험, 재판	
❸ avoid	피하다, 방지하다	
❹ consume	먹다, 마시다, 소모하다	
❺ expose	노출시키다, 폭로하다, 드러내다	
❻ induce	유발하다, 초래하다, 설득하다	
❼ radiation	방사선	
❽ repeated	반복되는, 되풀이되는	
❾ instead	대신에	
❿ interpret	해석하다, 설명하다	

⑪ sickness	질병, 아픔
⑫ associate	연관짓다, 연상하다
⑬ perceive	인지하다, 감지하다
⑭ illness	질병, 질환, 아픔
⑮ behave	행동하다, 처신하다
⑯ assume	추정하다, 맡다
⑰ exposure	노출, 폭로
⑱ sort	종류, 유형, 분류하다, 구분하다
⑲ unavoidable	피할 수 없는, 불가피한
⑳ radiation	방사선, (열·에너지 등의) 복사

Chapter 05

④ 지문 해석 확인하기

고전적인 실험에서 쥐들은 단 한번의 실험에도 불구하고, 음식을 먹고 난 후 병에 걸리게 만든 음식을 한 번만 섭취해도 그 음식을 피하는 법을 빠르게 배웠다. 그러나 빛과 소리 신호에 노출된 후 방사선으로 인해 질병이 유발되었을 때, 쥐들은 여러 번의 반복적인 실험 후에도 이러한 신호를 피하는 것을 배우지 못했다. 흥미롭게도, 쥐들은 전기 충격을 대신 받았을 때 이러한 신호를 피하는 것을 쉽게 배웠다. 이는 쥐들이 음식을 먹고 난 후 질병을 음식 자체에 의한 직접적인 원인으로 해석하여 이를 피하게 했음을 시사한다. 이와는 대조적으로, 그들은 질병을 빛과 소리 신호와 연관짓지 않았으며, 이를 질병을 일으키는 것과는 무관한 것으로 인지했다. 그 결과는 쥐들이 질병에 걸렸을 경우, 그들이 먹은 것 때문에 발생했을 것이라고 추정했지만 소음과 빛에 노출되는 것이 질병을 일으킬 수 있는 종류의 것이 아니라고 가정한 것처럼 행동했음을 시사한다.

Unit 02 | 2025년 출제 기조 전환 연습 문제 ⑩

1 문제 풀어보기

10 밑줄 친 부분에 들어갈 말로 가장 적절한 것은?   제한시간 1분 30초 ~ 2분

An English teacher once introduced me to her way of _____ in her classroom. She gives each student a daily folder containing tailored instructions for their weekly assignments. For example, one student may be assigned to complete only five out of twenty spelling words, while another might be tasked with finding a story that relates to the class topic. This approach enables the teacher to cater to the distinct abilities and requirements of each student. She underscores that just as individuals excel differently in sports like basketball or running, it's unreasonable to expect all students to excel uniformly in academic tasks. Her methodology underscores the significance of acknowledging and respecting the diverse capacities of each student, thereby nurturing an inclusive and encouraging learning atmosphere.

① stimulating creativity
② encouraging self-study
③ promoting cooperation
④ accommodating differences

② 문제 풀이 전략 학습하기

'빈칸 추론' 문제 풀이 전략

STEP ① 지문을 빠르게 읽으며 주제문 확인하기

주제문	**Her methodology underscores the significance of acknowledging and respecting the diverse capacities of each student**, thereby nurturing an inclusive and encouraging learning atmosphere. 그녀의 방법론은 각 학생의 다양한 능력을 인정하고 존중하는 것이 중요함을 강조하며, 이를 통해 포괄적이고 고무적인 학습 분위기를 조성한다.

STEP ② 빈칸에서 요구하는 정보 확인하고 빈칸 전과 후의 내용 확인하기

✐ 빈칸 위치에 따른 단서 문장 확인하기

빈칸 문장	**An English teacher once introduced me to her way of <u>accommodating differences</u>** in her classroom. 한 영어 선생님이 교실에서의 <u>차이점을 수용하는</u> 방법을 나에게 소개해 주신 적이 있다.
빈칸 후	**She gives** each student a daily folder containing **tailored instructions** for their weekly assignments. 그녀는 각 학생에게 주간 과제에 대한 맞춤형 지침이 포함된 일일 폴더를 제공한다.

STEP ③ 단서 확인 후 소거법으로 선택지에서 정답 선택하기

선택지 분석	① stimulating ~~creativity~~ 　 창의력을 자극하는 ② encouraging ~~self-study~~ 　 독학을 장려하는 ③ promoting ~~cooperation~~ 　 협력 증진시키는 ④ accommodating differences 　 차이점을 수용하는

정답 ④

난이도 ▮▮▯

③ 중요 표현 복습하기

어휘 복습 TEST

① introduce _____

② accommodate _____

③ contain _____

④ tailored _____

⑤ instruction _____

⑥ assignment _____

⑦ complete _____

⑧ approach _____

⑨ distinct _____

⑩ requirement _____

⑪ underscore _____

⑫ excel _____

⑬ unreasonable _____

⑭ expect _____

⑮ uniformly _____

⑯ methodology _____

⑰ acknowledge _____

⑱ diverse _____

⑲ nurture _____

⑳ inclusive _____

㉑ atmosphere _____

㉒ self-study _____

어휘 복습 ANSWER

❶	introduce	소개하다, 진행하다	⑫	excel	뛰어나다, 탁월하다
❷	accommodate	수용하다, 공간을 제공하다	⑬	unreasonable	불합리한, 부당한, 지나친
❸	contain	포함하다, 억제하다	⑭	expect	기대하다, 예상하다
❹	tailored	맞춤의, 잘 맞도록 만든	⑮	uniformly	일률적으로, 획일적으로
❺	instruction	지시, 설명	⑯	methodology	방법론
❻	assignment	과제, 배정	⑰	acknowledge	인정하다
❼	complete	완성하다, 끝마치다, 완전한	⑱	diverse	다양한
❽	approach	다가가다, 접촉하다, 접근	⑲	nurture	조성하다, 양육하다, 육성, 양육
❾	distinct	뚜렷이 다른, 분명한, 별개의	⑳	inclusive	포괄적인, 폭넓은
❿	requirement	요구, 필요 (조건)	㉑	atmosphere	분위기, 대기
⑪	underscore	강조하다, 밑줄을 치다	㉒	self-study	독학, 자기관찰

Chapter 05

④ 지문 해석 확인하기

한 영어 선생님이 교실에서의 <u>차이점을 수용하는</u> 방법을 나에게 소개해 주신 적이 있다. 그녀는 각 학생에게 주간 과제에 대한 맞춤형 지시가 포함된 일일 폴더를 제공한다. 예를 들어, 한 학생에게 20개의 철자 단어 중 5개만 완성하도록 배정하고, 다른 학생에게는 수업 주제와 관련된 이야기를 찾는 것을 과제가 주어질 수 있다. 이러한 접근 방식은 선생님이 각 학생들 뚜렷이 다른 능력과 요구를 충족시킬 수 있다. 그녀는 사람들이 농구나 달리기와 같은 스포츠에서 다르게 뛰어난 것처럼 모든 학생들이 학업 과제에서 일률적으로 우수할 것을 기대하는 것은 불합리하다고 강조한다. 그녀의 방법론은 각 학생의 다양한 능력을 인정하고 존중하는 것이 중요함을 강조하며, 이를 통해 포괄적이고 고무적인 학습 분위기를 조성한다.

Unit 02 | 2025년 출제 기조 전환 연습 문제 ⑪

① 문제 풀어보기

11 밑줄 친 부분에 들어갈 말로 가장 적절한 것은? ⏱ 제한시간 1분 30초 ~ 2분

The physical attributes of an object, including its shape, mass, reflectance, density, and texture, dictate how it interacts across various sensory modalities such as sight, touch, and sound. When exposed to stimuli like light, impact, heat, friction, or airflow, these characteristics determine the specific information emitted by the object. For example, a hollow piece of wood reflects light differently depending on its composition, cut, and treatment methods. Similarly, when struck, it vibrates with frequencies influenced by its degree of hollowness and the size and shape of its cavity. This sensory data serves to directly convey the intrinsic properties of the object to organisms equipped with appropriate perceptual systems, aiding in their understanding and interaction with the physical world. The amplitude and frequency distribution of the sounds emitted when this piece of hollowed wood is struck are a direct consequence of _____.

① its structural change in the process
② the sound energy being carried in the air
③ the physical properties of the wood itself
④ its interaction with the surrounding conditions

② 문제 풀이 전략 학습하기

'빈칸 추론' 문제 풀이 전략

STEP ① 지문을 빠르게 읽으며 주제문 확인하기

주제문	**The physical attributes of an object**, including its shape, mass, reflectance, density, and texture, **dictate how it interacts across various sensory modalities such as sight, touch, and sound.** 물체의 형태, 질량, 반사율, 밀도, 질감을 포함한 물리적 속성은 시각, 촉각 및 소리와 같은 다양한 감각 양상에 걸쳐 상호 작용하는 방식을 결정한다.

STEP ② 빈칸에서 요구하는 정보 확인하고 빈칸 전과 후의 내용 확인하기

✏ 빈칸 위치에 따른 단서 문장 확인하기

빈칸 전	**This sensory data serves to directly convey the intrinsic properties of the object** to organisms equipped with appropriate perceptual systems, aiding in their understanding and interaction with the physical world. 이 감각 정보는 물체의 고유한 특성을 적절한 지각 체계를 갖춘 유기체에게 직접 전달하여 물리적 세계에 대한 이해와 상호 작용을 돕는다.
빈칸 문장	**The amplitude and frequency distribution of the sounds** emitted when this piece of hollowed wood is struck are a direct consequence of **the physical properties of the wood itself**. 속이 빈 나무 조각에 부딪힐 때 방출되는 소리의 진폭과 진동수 분포는 <u>나무 자체의 물리적 속성</u>에 직접적인 영향을 미친다.

STEP ③ 단서 확인 후 소거법으로 선택지에서 정답 선택하기

선택지 분석	① its ~~structural change~~ in the process 　그 과정에서의 구조적 변화 ② the ~~sound energy~~ being carried in the air 　공기 중에 전달되는 소리 에너지 ③ the physical properties of the wood itself 　나무 자체의 물리적 속성 ④ its ~~interaction~~ with the surrounding conditions 　그것의 주위환경과의 상호 작용

정답 ③

난이도 ▮▮▮

③ 중요 표현 복습하기

어휘 복습 TEST

❶ physical _____

❷ attribute _____

❸ object _____

❹ include _____

❺ mass _____

❻ reflectance _____

❼ density _____

❽ texture _____

❾ dictate _____

❿ modality _____

⓫ friction _____

⓬ airflow _____

⓭ determine _____

⑭ emit _____

⑮ hollow _____

⑯ composition _____

⑰ strike _____

⑱ vibrate _____

⑲ frequency _____

⑳ cavity _____

㉑ sensory _____

㉒ intrinsic _____

㉓ property _____

㉔ perceptual _____

㉕ amplitude _____

어휘 복습 ANSWER

❶	physical	물질적인, 물질의, 신체의
❷	attribute	속성, 자질, ~ 것이라고 보다
❸	object	물체, 물건, 반대하다
❹	include	포함하다
❺	mass	질량, 대중, 덩어리, 많은, 대량의
❻	reflectance	반사율
❼	density	밀도, 농도
❽	texture	질감, 감촉
❾	dictate	결정하다, 받아쓰게 하다, 지시하다
❿	modality	양상, 양식
⓫	friction	마찰
⓬	airflow	공기 흐름, 기류
⓭	determine	결정하다, 알아내다, 밝히다

⓮	emit	방출하다, 내뿜다
⓯	hollow	(속이) 빈, 쑥 들어간, 구멍
⓰	composition	구성, 작곡, 작성
⓱	strike	치다, 때리다, 부딪치다
⓲	vibrate	진동하다, 흔들리다
⓳	frequency	진동수, 주파수, 빈도
⓴	cavity	구멍, 충치의 구멍
㉑	sensory	감각의
㉒	intrinsic	고유한, 본질적인
㉓	property	특성, 속성, 재산, 부동산, 건물
㉔	perceptual	지각(력)의
㉕	amplitude	(파동의) 진폭

④ 지문 해석 확인하기

물체의 형태, 질량, 반사율, 밀도, 질감을 포함한 물리적 속성은 시각, 촉각 및 소리와 같은 다양한 감각 양상에 걸쳐 상호 작용하는 방식을 결정한다. 이러한 속성은 빛, 충격, 열, 마찰, 공기 흐름과 같은 자극에 노출될 때 물체가 방출하는 특정 정보를 결정한다. 예를 들어, 속이 빈 나무 조각은 그 구성, 절단, 처리 방법에 따라 빛을 다르게 반사한다. 마찬가지로, 부딪힐 때 속이 빈 정도와 그 구멍의 크기 및 형태에 의해 영향을 받는 진동수로 진동하게 된다. 이 감각 정보는 물체의 고유한 특성을 적절한 지각 체계를 갖춘 유기체에게 직접 전달하여 물리적 세계에 대한 이해와 상호 작용을 돕는다. 속이 빈 나무 조각에 부딪힐 때 방출되는 소리의 진폭과 진동수 분포는 <u>나무 자체의 물리적 속성</u>에 직접적인 영향을 미친다.

Unit 02 | 2025년 출제 기조 전환 연습 문제 ⑫

① 문제 풀어보기

12 밑줄 친 부분에 들어갈 말로 가장 적절한 것은? 제한시간 1분 30초 ~ 2분

Some of the world's least developed countries have been trying to achieve faster economic growth by primarily pursuing inward-oriented policies. These policies aim to increase productivity and living standards within the country by avoiding interaction with the rest of the world. However, most economists believe that the least developed countries would fare better if they pursued outward-oriented policies that integrate these countries into the global economy. International trade in goods and services can improve the economic well-being of a country's citizens. Trade is a form of technology in some ways. For example, when a country exports wheat and imports textiles, it benefits as if it had developed the technology to convert wheat into textiles. Therefore, countries that _____ will experience a similar kind of economic growth as that which arises after important technological advances.

① interferes in free markets
② eliminates trade restrictions
③ adopts inward-oriented policies
④ gives assistance to poor countries

② 문제 풀이 전략 학습하기

'빈칸 추론' 문제 풀이 전략

STEP ① 지문을 빠르게 읽으며 주제문 확인하기

주제문	However, most economists believe that the least developed countries would fare better if they pursued outward-oriented policies that **integrate these countries into the global economy**. 그러나 대부분의 경제학자들은 최빈민국들이 이러한 국가들을 전 세계 경제에 통합시키는 외부 지향적인 정책을 추구한다면 더 나아질 것이라고 믿고 있다.

STEP ② 빈칸에서 요구하는 정보 확인하고 빈칸 앞과 뒤의 문장 내용 확인하기

🖉 빈칸 위치에 따른 단서 문장 확인하기

빈칸 전	For example, when **a country exports wheat and imports textiles**, it benefits as if it had developed the technology to convert wheat into textiles. 예를 들어, 한 국가가 밀을 수출하고 직물을 수입할 때, 그것은 밀을 직물로 바꾸는 기술을 개발한 것처럼 이익을 얻는다.
빈칸 문장	Therefore, **countries** that **eliminates trade restrictions will experience a similar kind of economic growth** as that which arises after important technological advances. 따라서, 무역 제한을 없앤 국가들은 중요한 기술 발전 후에 발생하는 것과 비슷한 종류의 경제적 성장을 경험할 것이다.

STEP ③ 단서 확인 후 소거법으로 선택지에서 정답 선택하기

선택지 분석	① interferes in free markets 자유 시장에 간섭한다 ②eliminates trade restrictions 무역 제한을 없앤다 ③ adopts inward-oriented policies 대내 정책을 채택한다 ④ gives assistance to poor countries 가난한 나라를 원조한다

정답 ②

난이도 ▮▮▮

③ 중요 표현 복습하기

어휘 복습 TEST

① achieve _____

② growth _____

③ primarily _____

④ pursue _____

⑤ inward _____

⑥ policy _____

⑦ productivity _____

⑧ standard _____

⑨ economists _____

⑩ outward _____

⑪ integrate _____

⑫ improve _____

⑬ citizen _____

⑭ export _____

⑮ wheat _____

⑯ import _____

⑰ textile _____

⑱ convert _____

⑲ eliminate _____

⑳ restriction _____

어휘 복습 ANSWER

❶ achieve	성취하다, 달성하다, 이루다	
❷ growth	성장, 증가	
❸ primarily	주로	
❹ pursue	추구하다, 계속하다	
❺ inward	내부로, 안쪽으로	
❻ policy	정책, 방책	
❼ productivity	생산성	
❽ standard	수준, 기준, 일반적인	
❾ economists	경제학자, 경제 전문가	
❿ outward	외부의, 표면상의	
⓫ integrate	통합시키다, 통합되다	
⓬ improve	개선하다, 향상시키다, 나아지다	
⓭ citizen	시민, 주민	
⓮ export	수출하다, 수출(품)	
⓯ wheat	밀	
⓰ import	수입하다, 수입(품)	
⓱ textile	직물, 옷감, 섬유 산업	
⓲ convert	바꾸다, 전환[개조]시키다	
⓳ eliminate	없애다, 제거하다	
⓴ restriction	제한, 규제, 제약, 구속	

Chapter 05

④ 지문 해석 확인하기

일부 세계 최빈개발도상국들은 내부 지향적인 정책을 주로 추구함으로써 더 빠른 경제적 성장을 성취하려고 노력해왔다. 이런 정책들은 세계의 나머지 국가들과의 상호 작용을 피하면서 국내 생산성과 생활 수준을 증대시키려는 목표를 가지고 있다. 그러나 대부분의 경제학자들은 최빈개발도상국들이 이러한 국가들을 전 세계 경제에 통합시키는 외부 지향적인 정책을 추구한다면 더 나아질 것이라고 믿고 있다. 재화 및 용역의 국제 무역은 한 국가의 국민들의 경제적인 행복을 향상시킬 수 있다. 무역은 어떤 면에서 기술의 한 유형이다. 예를 들어, 한 국가가 밀을 수출하고 직물을 수입할 때, 그것은 밀을 직물로 바꾸는 기술을 개발한 것처럼 이익을 얻는다. 따라서, 무역 제한을 없앤 국가들은 중요한 기술 발전 후에 발생하는 것과 비슷한 종류의 경제적 성장을 경험할 것이다.

MEMO

진가영

주요 약력

現) 박문각 공무원 영어 온라인, 오프라인 대표교수
서강대학교 우수 졸업
서강대학교 영미어문 심화 전공
중등학교 정교사 2급 자격증
단기 공무원 영어 전문 강의(개인 운영)

주요 저서

진가영 영어 신독기 구문독해(박문각)
진가영 영어 신경향 어휘 마스터(박문각)
진가영 영어 신경향 독해 마스터 시즌1(박문각)
진가영 영어 신경향 독해 마스터 시즌2(박문각)
New Trend 진가영 영어 단기합격 문법 All In One(박문각)
New Trend 진가영 영어 단기합격 독해 All In One(박문각)
New Trend 진가영 영어 단기합격 VOCA(박문각)
New Trend 진가영 영어 단판승 문법 적중 포인트 100(박문각)
진가영 영어 기출문제집 문법·어휘(박문각)
진가영 영어 기출문제집 반한다 독해(박문각)
진가영 영어 독해끝판왕[독판왕](박문각)
진가영 영어 문법끝판왕[문판왕](박문각)
진가영 영어 진독기 구문독해 시즌1(박문각)
진가영 영어 단판승 생활영어 적중 70(박문각)
진가영 영어 하프 모의고사(박문각)
2024 박문각 공무원 봉투모의고사(박문각)

진가영 영어 ✧✦ 신경향 독해 마스터 시즌 2

초판 인쇄 2024. 8. 26. | **초판 발행** 2024. 8. 30. | **편저** 진가영
발행인 박 용 | **발행처** (주)박문각출판 | **등록** 2015년 4월 29일 제2019-000137호
주소 06654 서울시 서초구 효령로 283 서경 B/D 4층 | **팩스** (02)584-2927
전화 교재 문의 (02)6466-7202

저자와의
협의하에
인지생략

정가 18,000원
ISBN 979-11-7262-190-2